非財産相続の
トラブルを事前回避！
［事業承継 見える化］
コンサルティング
事例集

小城 麻友子 ・ 女ケ沢 亘 ・ 金川 歩
小城 麻友子税理士事務所 所長　女ケ沢亘税理士　　MGS税理士法人
　　　　　　　　　　　　　行政書士事務所代表　税理士

矢内 直人 ・ 嶋田 利広
アライアンス戦略研究所 代表　㈱アールイー経営 社長

マネジメント社

まえがき

　2025年問題——団塊の世代の経営者の多くが75歳を超え、経営の一線から退き、後継者へ後事をゆだねるタイミングだ。しかし、多くの中小零細企業では「財産相続承継」の株価対策、相続対策、資金対策は早い段階から取り組むものの、「非・財産相続承継」の課題は「流れに任せて」とあまり真剣に検討していない。

　現実の事業承継では、「おカネの承継対策」と同等に「経営戦略の承継」「人事組織の承継」「職務権限の承継」、そして「価値観承継」などの「経営に直結する課題の承継」が重要になる。

　いかに相続税・贈与対策や経営者退職金などの資金対策を準備しても、「経営は生き物」と言われるように、おカネ以外にいろいろな要素が複雑にからみ、「相続税は何とかうまくいったが、事業承継後の組織がガタガタになった」「承継後のコロナ不況で経営が一気に傾いた」「経営者への退職金を払った後の資金繰りの目途が立たない業績になった」等、実際には「非・財産相続承継の課題」に手を打たないと、その後の「経営」が「継栄」（継続して栄える）にならないのである。

　私はこれまで37年間の経営コンサルタント人生のなかで、10年以上、約30社の事業承継顧問をしてきた。それらのコンサルティングから得た教訓は、「事業承継を見える化すると、円滑にバトンタッチできる可能性が高くなる」ということである。逆に、「事業承継の見える化を後回しにしたところでは、いつ爆発するかわからない不発弾のような問題を抱えたままのバトンタッチになる」ので、後々問題が再燃することが多い。

　本書は、「財産相続承継」などいわゆる相続税対策のノウハウ本ではない。

　事業承継前後に予めいろいろな取り決めを「文書化」「数値化」「図形化」して見える化することで、経営者に後顧の憂いを軽減してもらうことを目的にしている。同時に、後継者が承継後の会社経営をやりやすくすることも企図している。"見える化"は、現経営者、後継者、そして経営幹部が事業承継に関する事項を共有するもので、それぞれの立場で「覚悟を決めてもらう」ことになる。

　本書の内容は、2019年に出版した拙著『経営承継可視化戦略』（マネジメント社）で紹介したノウハウをベースとして、その後ブラッシュアップしたものである。いわば「バージョンアップ版」である。

さらに、私がそのノウハウを伝えた4名のメンバーが共著者として、実際のクライアントに「事業承継の見える化コンサルティング」を実施し、高い評価を受けた実例を掲載している。

　共著者4名は、小城麻友子（小城麻友子税理士務所所長）、女ヶ沢亘（女ヶ沢亘税理士・行政書士事務所所長）、金川歩（MGS税理士法人税理士）、矢内直人（アライアンス戦略研究所代表）である。＊敬称略、順不同

　小城氏は、塾経営という一般企業とは少し事業構造が異なるケースで「事業承継の見える化」を支援した。この塾は創業年数も浅く、後継者もまだ若い。具体的な承継というより、後継者の仕事への意識づくりや親である社長の価値観を理解し受け継いだケースである。

　女ヶ沢氏のケースは、すでに事業承継がすんだ製造業だが、半導体関連という浮き沈みの激しい業種である。会社規模のわりに海外展開や分社政策などがからんだ同族経営でもある。そのなかでも新社長時代の重鎮幹部の部門後継者育成等の「見える化」は大変参考になる。

　金川氏のケースもすでに承継がすんでいる住宅販売会社であるが、会長や会長夫人の資産や処遇などの詳細な取り決めのほか、後継者時代の経営戦略を組み立てるに際し、SWOT分析を活用した事例である。このケースは1年以上の期間をかけじっくりと作り上げた「事業承継の見える化」により、会長、後継者からも全幅の信頼を得ることができた。

　矢内氏が支援したケースでは、コロナ禍で大打撃を受けた建設関連の塗装工事業である。独断ワンマンの経営者から、同族がいないなかでプロパー役員に「他人承継」をすすめる段取りを見事に行い、「事業承継の見える化」で経営者、後継者の信頼関係づくりに成功した。

　本書では、株式会社アールイー経営が行ってきた「事業承継の見える化コンサルティング」の実践ノウハウと、それを活用した4社の実例のドキュメントが詳細に書かれている。これらを読むと、「事業承継の見える化」がいかに重要で効果的なものであるかが理解できると思う。

　本書は事業承継のアドバイザーとしてのコンサルティングのメソッドとプロセスを解説したものであるが、コンサルティングやアドバイスを受ける企業側にとっても参考になるものと確信している。場合によっては、コンサルティングやア

ドバイスを提供する側と受ける側の共通テキストとして本書を活用することも有効な使い方である。

　2025年問題を待たず、事業承継のタイムリミットに近い中小零細企業は多い。「相続対策も相続税対策もできているから安心」と思っている経営者でも、「事業承継の見える化」の中身を理解していただければ、まだまだ準備不足と思われることだろう。

　ぜひ、「事業承継の見える化」によって、経営者と後継者が円滑な事業承継を行い、会社の継栄を目指してほしい。

　日本の会社の99％は中小企業である。これら中小企業が事業承継に成功して継続して栄えることは、そこで働く従業員の幸福にも寄与するのはもちろん、日本社会の安定した発展にも大いに寄与するのである。

著者を代表して
株式会社 アールイー経営
代表取締役　嶋田 利広

CONTENTS

第３章　事業承継 50 のチェックリスト＆10 か年カレンダー

第4章　【事業承継見える化】コンサルティングの事例

第 **1** 章

「財産相続以外」の
事業承継の課題

❶事業承継が円滑にいく条件

（1）経営者の本音

　3年ほど前、知り合いの経営者から事業承継について相談があった。その会社の顧問税理士は、私が長年コンサルティングしている会計事務所であり、お互いよく知った仲であった。

　その相談内容は以下のようなものだった。

　「相続対策を進めていますが、株価の評価を下げるため、私の退職金を多くする算段です。しかし、全額銀行借入で退職金を出したくないし、会社がしっかり利益を出さなければ、保険の増額もできません。利益が出る戦略と同時に相続対策を考えないと、将来は不安ですよね。

　こんなことを会計事務所に相談するのはどうですかね？　相続税のことは税理士でいいと思うんですが……事業承継のこととなると、やっぱり先生のようなコンサルタントに依頼すべきなんですかね？」

　「餅は餅屋」というように、要するに「相続対策は税理士に依頼できるが、経営戦略や経営計画まで期待してはいけないのか？」という相談である。

　続けて、その経営者はこんなことも言った。

　「相続の法律対策は弁護士や司法書士に依頼し、相続税は税理士に、資金対策は保険会社や金融機関に、そして経営戦略はコンサルタントに相談するのがベターだと思いますが、しかし、一番当社の事情を知っているのは会計事務所ですから、トータルで相談に乗ってくれれば助かるんですが……」

　つまり、会計事務所がトータルにプランニングしてくれると助かるということである。

　また、別の経営者はこんな悩みを持っていた。

　「事業承継対策も相続税対策も目途はついたんですが、肝心要の後継者の育成は自分でするしかないですよね。ただ身内ということもあり、意見が違うと私も息子もすぐ感情的になってしまう。こういう後継者育成は他社はどうやっているんですか？　研修やセミナーを受講するだけでは無理ですよね」

　多くの経営者にとって、後継者育成は重要な課題、悩みのタネのようである。結論から言うと、財産相続については顧問税理士が対応してくれるが、「後継者育成」や「非・財産相続承継のルール作り」「事業承継の決め事」「事業や業務の見える化」などは自分で行うしかない。

　事業承継のトータルコーディネートや後継者育成など、日頃から付き合いのある顧問税理士が行ってくれるなら、経営者は助かるが、そこまで支援している会計事務所は少ない。

(2) 承継後の経営戦略なき相続対策、資金対策は危うい

　相続税対策、贈与対策、経営者退職資金対策を考えるとき、資金の出どころは、これまで蓄えてきた資金（生命保険含む）と差額を融資で賄うことになる。贈与においては、贈与を受ける側の個人の資金も必要になる。

　すると、後継者の給与を上げたり、現社長の保険契約の積み増しをしたり、いろんな資金を準備しなくてはならない。

　その資金はどこから捻出するかといえば、本業の売上からもたらされる「営業利益」である。営業利益を確保するには、今後の経営戦略とそれを実現する経営計画が必須になる。

　したがって、計算上の相続対策や贈与対策、株価対策は出来上がっても、肝心要の営業利益を実現させるための「経営戦略と経営計画書」を同時進行で作成しなければ、事業承継は片肺飛行で操縦するような非常に危ういものとなる。

　また、この経営戦略には、事業承継後の「組織戦略」も含まれる。現社長がいる間なら、古参幹部も後継者に協力してくれるだろうが、彼らも年齢を重ねている。

　そうすると、後継者時代の経営幹部は誰が担うのか、そのためにはどんな役割や責任を段階的に持たせるか（ネクストキャビネット）などが後継者の重要課題になる。

さらに、そこに同族問題があれば、現社長時代に今後の方向性を決めて、その同族の承諾も必要になってくる。そのためには、会社組織をどうするのかなど……悩ましい課題がどんどん出てくる。

こういったことを放置して、相続対策、資金対策を先行しているのが、今の会計事務所、FP、事業承継コンサルタントなど「相続関連サービス業」の実態なのである。

(3) 事業承継に必須の6要素

多くの企業の事業承継にかかわってきたなかで、会計事務所や弁護士、保険会社、金融機関のいわゆる「資金と法務」の視点ではなく、「事業の承継」という視点からすると、重要な要素は下記の6つであると断言できる。

①経営思想・理念の承継
②経営判断基準の承継
③事業承継トータルプランの整理
④後継者時代のネクストキャビネットの策定
⑤承継後も勝ち続ける経営戦略の策定
⑥職務権限の承継

一つずつ解説していこう。

①経営思想・理念の承継

経営理念の重要性は今さら言うまでもない。これは「額縁に飾られた理念をそのまま維持する」ということではない。経営理念をもとに、承継前後に現社長と後継者で再度、理念の中身を確認しあうことである。

経営理念、社是、使命感には意味があるのだ。

もし、今の経営理念の意味が観念的で希薄であった場合、現社長も事業承継をきっかけに見直してもかまわないと考えるなら、「経営理念の再構築」を行うべきである。

事業承継を始めるにあたって、最初は「現社長と後継者の共同作業」という位置づけでもよい。

　その場合、経営理念に追加してほしいのが「行動規範」である。**行動規範は、経営理念の思想を実践するために必要な「行動基準」や「やってはならないこと」「大事にすること」をより詳細に示すものである。**

　再構築した経営理念と行動規範は、それぞれ箇条書きにし、幹部や全社員に向けて発表することが重要である。

　また、それらをカード化して手帳に入れ、毎日いつでも見られる状態にすることを推奨するなど、活用策も考えておく。

②経営判断基準の承継

　現社長はいろいろな場面で経営判断をしてきたはずである。失敗した判断もあれば、成功した判断もあったはず。この"生きた経験則"である「経営判断」を学習し承継することは大変重要なことでる。

　現社長の経営判断の結果を箇条書きにして、「この場合、私はこれをしなかったから失敗した。だから、○○の場合は、必ずこれを優先すべきだ」と経験則＝判断基準を文字化することである。

　特に後継者がまだ若く、経営の実践経験が少ないなら、そういう生きた判断基準の教育こそ、一番の後継者教育である。私はこれを「創業者（前社長）の遺言　わが社の掟」と命名して、その作成を支援している。（詳細は後述）

③事業承継トータルプランの整理

　まず、事業承継前から承継後数年（事業承継期間）の相続税対策、争族対策、経営者退職金対策、経営戦略の中期計画、後継者時代の役員幹部の役割などの組織形態を整理した「事業承継トータルプラン」を1枚のシートに書き出す。それによって、何年後に何をすべきか、事業承継全般を俯瞰して見られるようになる。

　私たちはこれを事業承継10か年カレンダーと呼んでおり、作成のサポートをしている。この「事業承継10か年カレンダー」は、現社長、後継者の双方から非常に喜ばれている。

④後継者時代のネクストキャビネットの確定

　後継者時代には「誰が補佐役となるか」「誰がこの部門の責任者となるか」「誰が取締役となるか」── 今いる人材を中心に、次世代の組織を考えなければならない。古参幹部や役員がいれば、それぞれの処遇も整理しておく必要もある。

ネクストキャビネット（次世代の役員幹部）を確定し、誰に何を期待するかを決めた後、段階的に役職も計画する。もし、該当する役員候補がいなければ、外部からのヘッドハンティングも視野に入れるべきである。

　これについては、現社長の意見と後継者の意見をすり合わせしながら、具体的な人選をしていく。

　現社長、後継者の意向が固まったら、早めに当該社員に今後の方向性としての打診（確約はできないが、その意思があることを伝える）をすべきである。

　打診した結果、それが当該社員のモチベーションアップになるか、またはそれを重荷に感じて辞退するかがハッキリする。辞退されたら、また別の方法を検討する。

　一番よくないのは、将来を期待した有能な社員にギリギリで役員登用を打診して、それを断られて、断った社員が居づらくなり退職するというケースである。タイミングを逸してしまうと、本来残るはずの有能な人材まで失う結果になるからである。

⑤承継後の勝ち続ける経営戦略の策定

　「経営者の本音」で言われたように「承継後も利益を出し続ける経営が可能かどうか」の心配事に、事業承継アドバイザーたる会計事務所などの士業、コンサルタント、保険パーソン、金融機関などは、何らかの対応をすべきである。

　「経営戦略は門外漢だから」と距離を置いていると、事業承継支援サービスに積極的な同業者に大事な顧客をさらわれる可能性がある。

　詳細は後述するが、企業が承継後も生き残るためには、明確なUSP（ユニーク・セリング・プロポジション＝独自のウリ）が必要である。

　同業者に対して何らかの差別化をしている間は、企業として存続する確率は高いと言える。しかし、USPがない状態が続くと、価格競争に振り回され、企業体力が消耗する。そんな状態では、相続資金や贈与資金などの資金作りがますます厳しくなることは容易に想像がつく。

　とくに、コロナ禍が続き企業の存続が危うい時代には、USPを核にした「経営戦略」が大きな意味を持つのである。

⑥現社長時代の古参幹部の承継

　若い後継者にとって「現社長時代の古参役員や幹部」は何かと付き合い方が難

しいものである。現社長時代には忠実な幹部でも、後継者の時代には必ずしもそうとは限らない。

- ●後継者にあからさまな反抗的態度をとる
- ●後継者の新しい戦略に面従腹背して、行動に移さない
- ●陰で陰湿な抵抗や無垢な若手社員を扇動する
- ●見えないところで顕示欲を示す
- ●役職者でありながら、実務や専門的な業務しかせず、マネジメントや部下育成をしない
- ●部下に仕事をおしつけて、調整や管理という表面的な仕事しかしていない

このように、後継者時代に「お荷物」になる古参幹部がいる。現社長時代の年配の古参幹部は、その活かし方を誤ると組織機能が滞る事態に陥ることになる。

そこで必要になるのは、古参幹部が前向きになる「職務責任の明確化」「実質的な生産性を上げる取り組み」を推進するマネジメントである。

❷非・財産相続承継の専門家が少ない

（1）各専門家は自分のテリトリーだけを重点フォロー

事業承継では各専門家で仕事の役割が違ってくる。

会計事務所は、自社株評価の引き下げで節税対策をし、納税資金準備、贈与対策の提案をする。

弁護士は、会計事務所と同じように株価評価か納税資金の相談を受ける人もいるが、多くは争族対策として、親族承継を円滑にするための遺言書や法務面での「リーガルチェック」をする。

司法書士も「会社の売却・事業譲渡に関する手続き」や「資産の承継、相続に関する対策」を業務としている人が多い。

また、生命保険では、納税準備資金、自社株買取資金、清算資金準備等に保険が活用されるので、保険営業パーソンはその提案を行う。

それぞれが、「事業承継計画全般をサービスします」とホームページ等で謳っているが、よくよくその文面を読むと、やはり自分の専門分野である「資金面」「法務面」を中心としたものであることは否めない。

（2）置き去りにされる「承継前後の経営戦略と組織戦略」

そして、各専門家に置き去りにされているのが、事業承継資金を捻出するための「承継前後の経営戦略」と承継を円滑にする「組織戦略」なのである。

多くの専門家は、そういう「経営戦略は経営コンサルタントが担う分野」だと言うだろう。確かにその通りで、これは私たち経営コンサルタントのフィールドかもしれない。

　しかし、その分野だけ経営コンサルタントに依頼する場合、全体の事業承継計画と整合性がとれない場合がある。**事業承継の相続対策・資金対策は、経営戦略と表裏一体**のはずだからである。

　そこで、事業承継で取り組むべき「非・財産相続承継の円滑化のポイント」は、次の5つであると考えている。

- ●事業承継トータルプランを現経営者、後継者と共同作成
- ●後継者時代の経営戦略の立案とモニタリング
- ●事業承継前後の組織運営を共に議論し「見える化」
- ●中期計画、権限移譲の「見える化」で後継者育成
- ●現経営者と後継者の橋渡し機能

　次項でこれらのポイントを見ていこう。

❸事業承継ビジネスで差別化できる ５つのメソッド

(1) 事業承継トータルプランを現経営者と後継者が作成

　各専門家が提案する事業承継計画で抜けているのが「経営戦略」と「組織戦略」である。

　その分野を事業承継プランに入れて、相続対策、納税対策、資金対策、争族対策を加えれば、現段階における「事業承継フルサポート」が実現するはずである。それを先述の「事業承継10か年カレンダー」として作成し、そのシート（1〜2枚）を見れば、これからの必要事項や行動計画が一目でわかるようになる。

　もっと早めの事業承継プランにする場合には、例えば「事業承継5か年カレンダー」とすることもできるだろう。この場合は、まず5年間でできることを計画し、その後に積み残された課題解決のためにさらに「事業承継後の5か年計画」を立てる方法もある。

(2) 後継者時代の経営戦略の立案とモニタリング

　経営戦略は、前述のように経営コンサルタント以外の専門家のテリトリーではないかもしれない。しかし、大事な要素である。

　後継者時代の経営戦略は、思いつきや感覚論で立てるものではない。また、支援する士業や経営コンサルタントが、経営戦略をただの文書として無責任に提案することもやってはならないことである。

　後継者時代に「稼げる戦略」を打ち出すには論拠が必要である。

　そこで提案すべきは、SWOT分析を使った（根拠のある）中期経営計画づくりである。

　SWOT分析の詳細は後述するが、まずはSWOT分析のフレームワークを使い、

現社長や後継者の意見をいろいろな角度から聞き出す。そして、コーチングとファシリテーションで、現社長、後継者が自ら導き出した「独自の経営戦略」をベースに、中期経営計画を形にしていくのである。

次に中期経営計画を単年度の経営計画に落とし込み、定期的にモニタリングをする。

いずれにしても、事業承継支援専門家が、後継者時代の独自の経営戦略づくりに関与していくことが重要である。

しかし現実には、相続承継を取り扱う士業や専門家が、「経営戦略や経営計画は自分のテリトリー外だ」と決めつけてしまうことも多い。それでは、同業者と差別化ができなくなり、USP のない士業・専門家といわれても仕方ないであろう。

(3) 事業承継前後の組織運営を共に議論し「見える化」

組織運営とは、後継者時代の役員や幹部の職務責任や役職を決めることである。この役職や職務責任範囲を決めて「見える化」することで、事業承継後の組織がより具体化していく。

そこには当然、現社長時代の古参幹部の職務責任や役職、処遇も含まれるので、現社長と後継者とで十分協議して決定することになる。

その議論過程を明文化することと、決定した「職務責任範囲」「役職名」を固有名詞で整理することが、事業承継後の組織を考えるうえで重要な行動となる。

(4) 権限移譲と職務責任の「見える化」によって後継者を育成

「事業承継10か年カレンダー」には、さまざまな方針や計画が一覧になっている。作成する際には、現社長と後継者の「役割と責任の変更」を具体的に書く必要がある。あいまいな表現は後々それが問題になるものである。

社長が会長になって、後継者が社長になっても実態がまったく変わらない、「院政」「二頭政治」などと呼ばれるケースも少なくない。

そうなってしまう原因は、職務責任・権限移譲の「見える化」をしていないことにある。

たとえ文書化しても現経営者、後継者双方がそれを無視すれば意味がないことになるが、互いに意思確認をしたうえで「見える化」することで、それぞれの役

割を、責任をもって遂行する意識は高くなる。それが、効果的な後継者教育になるのである。

(5) 現経営者と後継者の橋渡し機能

事業承継前後の期間の5～10年程度は、現経営者と後継者の橋渡し期間として各専門家が関与すべきであり、その期間の長期サービスに名称を付けるなら「事業承継顧問」または「事業承継アドバイザー」という表現になるであろう。

当然、その期間中は各専門家がモニタリングしていく。毎月1回、四半期に1回、半期に1回など、あらかじめ設定しておき、事業承継専用の会合をもって、計画に対するチェックと修正をすることになる。

事業承継支援ビジネスを行う専門家がこれらの機能を有していれば、同業者と圧倒的な差別化が図れるし、現経営者・後継者に具体的に寄り添う「伴走型事業承継支援」となるのである。

第 **2** 章

「事業承継見える化」コンサルティングのアウトプット

❶事業承継の「見える化」とは

「事業承継の見える化」とは、事業承継の概念や具体的事項すべてについて、理解しやすいように「文書化」「数値化」「図形化」していく作業である。

事業承継の過程で、現経営者と後継者に不信感や誤解が生じることは少なくない。そして、その結果起こる感情的な衝突の原因は、主に「言葉の認識の違い」である。

経営コンサルタントや会計事務所などの専門家、または事業承継に影響を及ぼす士業や保険パーソンが、その原因を取り除くとともに、「橋渡し」「支援」「調整」をしていく作業全体が、【事業承継見える化コンサルティング】である。

（1）事業承継に関する不安や曖昧な事項を「見える化」して、現経営者・後継者双方のベクトルを合わせる

現経営者と後継者の「言葉の認識の違い」は、曖昧な表現や抽象的な言葉が原因である。いわゆる「総論賛成」「各論反対」はそれが原因で起こる。「そのことはまだ決めなくていい」と現経営者が言ったとしても、計画の文書で「○○年△△月までに決定」と記載されていれば、これは双方が検討した結果の決定事項である。その変更は双方が納得しなければできない性質のものである。

そこで、すべての事業承継の意思決定を「見える化」、すなわち具体的な文書、数値、図形で互いの理解を一致させ、ベクトルを合わせておく。現経営者と後継者の将来のベクトルさえ合っていれば、些末なズレは大きな問題にはならないものである。

（2）現経営者と後継者が共通の方針、目標、行動計画、役割と責任を明確にし、すべての議論を「文書化」「数値化」「図形化」する

　さまざまな事業承継の意思決定を「文書化」「数値化」「図形化」すると、言葉の認識の違いから生まれるズレや感情的な衝突を減らすことが可能になる。「文書化」「数値化」「図形化」することで記憶ではなく、記録に残すことができる。しかも、どちらかの一方的な見解の記録ではなく、双方が議論を尽くしたうえでの「共通認識の記録」である。

　その記録作成をリードし、どんどん文書化・数値化・図形化していくのが「事業承継見える化コンサルタント」の役割である。

（3）リアルタイムで「見える化」することで、現経営者・後継者の双方が内容を理解し、感覚の違いなどの誤解を防止できる

　事業承継見える化コンサルティングの現場では、事業承継支援を担う経営コンサルタントや士業、保険パーソンはさまざまな意思決定の課題に対してヒアリングし、現経営者と後継者の意見を聞き出していく。

　聞き取った意見は、その場でパソコンに入力し、その状況はリアルタイムでモニターやプロジェクターに投影される。

　ヒアリングのその場ですぐに文字化していくのがポイントである。「あとでまとめて……整理して……」だと本当に間が抜けるし、真剣さが出てこないものである。

　現経営者と後継者はプロジェクターに投影された文書や言葉、数字、図形を見ながら、さらに意見を出し合い、最終的な意思決定をしていく。

　これは「言葉の掛け合い」ではなく、「文書の掛け合い」になるので、感覚の違いを防止できる。

　その過程で、「事業承継見える化コンサルティング」の文書は常に 5W2H を意識した表現に集約されていく。

（4） 現経営者と後継者の認識の違いを防止でき、
   モニタリングしやすい

　さまざまな事業承継の意思決定を「具体的な表現で見える化」していくので、「認識の違いやズレ」を極力避けることができる。

　さらに、意思決定の表現も5W2Hで書き出すことで、仮に1年後にモニタリングしても、「これは何のことだっけ？」と書いた内容がわからなくなることも防ぐことができる。

　事業承継見える化コンサルティングでは、計画策定後に必ずモニタリングによる進捗チェックと修正が行われるので、5W2Hの文書が有効に機能するのである。

（5） 「見える化」することで
   後継者のモチベーションがアップし、覚悟が決まる

　このような事業承継見える化作業を通じて、後継者は自分が経営権を受け継いだときのイメージがどんどん膨らんでいく。同時に、新たな課題も見えてくる。その課題には、現経営者がいる間に協力してもらうことや、自身で解決すべきこともある。

　また、〇〇年度までに具体的な権限移譲や役職の推移、それに伴う年収などもある程度明示されるケースもあるので、一気に覚悟が決まるわけである。

❷「事業承継見える化」を支援する 経営コンサルタントや士業のメリット

　この分野のコンサルティングや経営支援をする人はあまり多くはいない。ほとんどは「財産相続承継」のコンサルティングや支援ばかり行い、「経営戦略承継」「価値観承継」「組織人事承継」「職務権限承継」まで広げるのは、ごく一部の「経営顧問」だけであった。しかし、この「事業承継の見える化」支援を行っていくと、さまざまなメリットがある。

（1）他の専門家とは切り口が異なる 「差別化された事業承継の提案」ができる

　多くのコンサルタントや会計事務所、士業が PR している「事業承継サービス」はほとんど「財産相続承継」である。さまざまな意思決定が必要なことすべてを見える化することで、他とは切り口の違う提案をすることができる。

①「事業承継の見える化」なら、こんな中小零細企業のニーズを引き出し、PR もしやすくなる

- ●特例税制に興味はないが、後継者育成で何かよいアドバイスはないか
- ●これからの経営戦略、後継者の時代の差別化をどうすべきか
- ●役員幹部の処遇をどうしたらよいか
- ●事業承継の中長期の経営計画を立てたいが……
- ●親子だから感情的になって、話がまとまらない
- ●後継者の能力不足、やる気不足……

これらは、ほぼすべての中小零細企業に当てはまる課題である。その課題に、すべて「見える化」で答えることができれば、「言葉だけの提案」が多い経営コンサルタントや会計事務所、士業は、圧倒的な差別化が可能になる。

②現経営者が一番気にしている「後継者教育」もからめて提案する

「事業承継の見える化」は、その議論の過程自体が明らかな「後継者育成」手段になる。

多くの中小零細企業の後継者教育は、

- ●後継者セミナーや各種講演会へ参加させる
- ●現社長がその都度、心構えやノウハウを OJT で教える
- ●複数の部門を経験させて、全体が見えるようにする
- ●経営計画を一緒に作成する
- ●経営会議に参加させて、経営判断を経験させる

等々、よくできている中小零細企業でも、こんな感じである。

そこに、「後継者育成を【見える化】すれば、より実践的に教育がしやすいですよ」と提案すれば、現経営者は関心をもって耳を傾けてくれるはずである。なぜなら、後継者教育は、現経営者の最重要課題だからである。

提案する際には、見える化は「言葉の教育」ではなく、「目で言葉や数字を見て、頭で理解し、深く議論する」メソッドであり、「言った、言わない」がなく、文書や数字で実態を追いかけられるので、モニタリングしやすい特性があることを理解してもらう。

③後継者育成【見える化】で代表的なもの

- ●事業承継前後の必要行動トータル計画（事業承継 10 か年カレンダー）
- ●自社の未来を決定する SWOT 分析を使った中期経営計画の共同作成
- ●役員幹部の職務責任範囲とコミットメントの作成
- ●後継者の役割と責任、職務範囲の詳細な明文化
- ●現経営者と一緒に作成する、経営判断の基準や指針づくり

これらは作成過程から、より実践的な、よりリアルな後継者育成につながっていく。実務に直結した【見える化】こそ、最も効果的な後継者教育の方法なのである。

(2) 相続対策を考える時期に関係なく、後継者候補がいる段階から「事業承継の見える化」コンサルティングが始められる

後継者が 20 代で、「うちの息子に事業承継のことを考えさせるのはまだ早い」と考えている経営者がいる。

しかし、「事業承継 10 か年カレンダー」に現経営者や役員幹部の年齢を記入し、各役員幹部の後継者を検討していくと、「20 代から必要なことを粛々と進めていかないと、10 年後に困ったことになる」ことに気づくだろう。

「事業承継の見える化」を導入するタイミングが事業承継の期限ぎりぎりでは正直遅いのである。

株価対策や贈与について、相当前から準備していかないと相続税が大変なことになるように、「事業承継の意思決定の見える化」も、10 年単位で早くから進める必要がある。

「事業承継のタイミング」ではなく、「後継者候補がいる段階」が「事業承継見える化コンサルティング」開始のタイミングと言える。

(3) セカンドオピニオンとして受注し、新規開拓につながる

経営コンサルタントや会計事務所では、同業者が経営顧問や税務顧問としてすでに入り込んでいると、営業をかけることは難しいと思われがちである。

しかし、税務顧問がいて「相続税に強い」とか「相続税までできる」と言っても、「事業承継の見える化」の支援ができる会計事務所はまだまだ少数派である。だから「事業承継見える化コンサルティング」の事例や進め方を紹介することで、セカンドオピニオンとしての別途契約も可能になり、その結果、新規の顧客開拓にもつながるのである。

（4）法人向けの営業であり、経営者に直接提案できる

　例えば、生保営業などで個人契約から法人契約を増やしたいと考えている保険パーソンがいるとする。

　新規の経営者と直接のコンタクトをとるには、相当なハードルがあるはずだ。それでなくても敬遠されがちな保険パーソンが、法人契約までもっていくのはかなり難しいと言える。

　ところが「事業承継の見える化」を武器に既存客へアプローチすれば、「保険の紹介」ではなく、「事業承継支援の紹介」ができることになる。

　「保険の話は聞きたくないが、事業承継の話なら聞いてもよい」という経営者は少なくない。

　しかも、それが知り合いの経営者（既存客）から、「保険の話より、事業承継の具体的なメソッドがスゴイ人がいるから紹介するよ」と言われれば、アポイントもとれやすい。そのためにも、既存客にまず納得してもらうことが先決である。

（5）事業承継系のセミナー、
##　　　SNS でのバリエーションが増える

　特例税制や争族対策、相続税対策、M&A など、どこも同じようなテーマで事業承継セミナーを行ったり、YouTube、facebook、ブログ、メルマガなどで発信したりしている。

　そこで、「事業承継の見える化」の各種ノウハウや事例を開示したセミナーを開催し、SNS でも発信していけば、引き合いが劇的に増える可能性が出てくる。

❸ 「見える化」の概要と6つの実務

それでは、実際の「事業承継見える化コンサルティング」で行う 6 つの作業と内容について紹介していく。

この 6 つの「事業承継見える化のアウトプット」ができれば、事業承継顧問やアドバイザーへの就任もスムーズにいく。さらに他の事業承継系のコンサルタントや会計事務所、士業とも圧倒的な差別化が可能になる。

(1) 事業承継 50 のチェックリストによる現状認識

事業承継前までに経営者の心得と必須行動を、次章で解説する「50 のチェックリスト」に沿って行うと、課題の抽出と今後行動すべきことが明らかになる。

このチェックリストには、後顧の憂いをなくすため、後継者時代にスムーズに移行するための組織や外部への根回し、株問題などの必須の課題が網羅されている。

さらに、このチェックリストを活用して各分野を分析することで、現経営者や後継者との面談において、事業承継の課題の有無とその真意、準備不足箇所がわかってくる。

これを PC のディスプレイやプロジェクターに投影し、ヒアリングシートの右側に課題を書き込んでいく。視覚的にも認識しやすいのが、文書化、数値化の大きなメリットである。

(2) 事業承継 10 か年カレンダーの作成でロードマップ一覧化

事業承継は、現経営者、後継者の年齢を考えた 10 か年計画で見ることで、すべての「期限」が明確になってくる。

10年スパンで経営の将来像を見ていかないと、組織づくり、資金づくり、経営戦略、設備投資など、「ヒト・モノ・カネ」計画の大まかな予定が立たないからである。

　特に後継者は、10か年計画を見ることで、自分自身、家族の将来像と承継する会社の将来イメージを湧かせることができ、モチベーションアップが図れるようになる。現経営者も、自分自身の将来像と後継者へ譲った後の自分のスタンスが明確になる。

　10か年カレンダーには下記の内容が記載される。

- ●社長・代表権交代時期、10か年の役職変更の予定
- ●各種承継準備、退職金取得時期、必要資金計画、相続贈与計画等
- ●今後10か年のおおよその売上、営業利益予定
- ●後継者時代の商品戦略・顧客戦略、事業ドメイン等の具体的な戦略
- ●承継前後からの組織内役割分担明確化、後継者時代の組閣、同族の責任や役職等

---

(3) 後継者時代の「独自の経営戦略」の立案
── SWOT分析を活用した中期経営戦略・計画を指導

　事業承継に伴い、経営者退職金やコロナショックでの政府系緊急融資の返済資金を捻出するための必要利益、また成長戦略をとるための必要資金確保の「根拠ある独自戦略」を明確化する。

　その手法として「SWOT分析」を活用する。

　「根拠ある独自戦略」を捻出することで、それが「経営計画書」の具体的な根拠となり、金融機関から評価されるようになる。昨今の事業性評価の融資にもプラスに作用するのだ。

　SWOT分析で客観的に分析すると、「思いつき」や「独善」の戦略ではなく、合理性がある戦略かどうかが確認できる。

　また、どの戦略に重点的に投資すべきか、抑える投資や費用は何かが明らかになり、現経営者、後継者の頭の中が整理される。「何に特化すべきか」「何をやめるべきか」「どこから差別化するか」が明確になってくるのである。

SWOT分析を使った中期経営計画立案過程で、戦略を深く議論していくことは、最高の後継者教育、幹部教育となる。それにより、会社の新しい将来像、ビジョンが描かれるとともに、将来へのモチベーションが高まっていく。

(4) 後継者時代の会長、社長、同族、非同族役員幹部の役割と責任の文書化

一般的な中小零細企業で曖昧になりがちな取締役、経営幹部の職務を明文化していく。

現経営者時代ではトップのリーダーシップのもと、明確なコミットメント（責任ある約束）がなく、「なあなあ」で許されていたとしても、後継者の時代はそうはいかない。

後継者の時代は、上級幹部に対して、明確な結果責任を求めるはずである。

文書化とは、各役員や経営幹部の具体的な職務や責任をはっきりさせ、高給取りに相応しい仕事を明らかにすることである。

まず、現経営者や後継者が、各役員・経営幹部にやってほしい業務を先に決める。その後、各役員・幹部から具体的なアウトプット（コミットメント）を出してもらう。

古参役員や経験豊富な役員幹部の職務責任を明確化することで、新社長のマネジメントをしやすくし、リーダーシップを発揮する土壌を作ることが目的である。

(5) 承継後の院政をコントロールする —— 現経営者から後継者への職務権限移譲計画の明文化

「名ばかり社長」「権限なき承継」「過剰な院政」などの問題は、「役職に権限の実態が伴っていない状態」を指す。

言葉だけは「お前が社長だから」と言っても、職務権限を具体的に渡さないと、後継者から不平不満が出て、現経営者と感情的なトラブルの温床になりがちである。また、後継者から「この権限を自分にくれ」とは言いにくいものである。現経営者も会長になったとはいえ、代表権があるのにすべての職務権限を移譲することに抵抗感を持つ人は多い。

このように、現経営者と後継者がなかなか話しにくいことを「事業承継顧問」

「事業承継顧問・アドバイザー」が仲介機能をもって「職務権限の列挙と移譲計画」を文字化し、わかりやすく「見える化」していく。

（6）最高の後継者教育
── 現経営者の経験、経営判断基準を具体的に明文化

　最高の後継者教育とは、後継者が知らない会社の歴史を教え、そのときどきにどんな経営判断があったか、なぜそういう判断をしたのかを「活きたケーススタディ」として教えることである。

　後継者研修やセミナーでは、こうしたことは教えてくれない。また、経営理念や社是はあっても、実際の経営現場でのそれぞれの各判断とは直結していないので、学ぶチャンスは限られている。

　そこで必要になってくるのが、経営現場の判断で間違いを起こさないための指針・行動規範となるのが「ケース別経営判断基準」である。

　作成方法としては、例えば現経営者が失敗した事実とその原因、判断をした背景、また成長のきっかけをつかんだ事実、その原因と背景を、「創業時からの社歴」とともに文書化していく。

　会社沿革、ケース別の出来事と教訓、そして今後の経営判断基準を現経営者と後継者、コーディネーターである「事業承継見える化コンサルタント」が議論し、ヒアリングをしながら、コンサルタントがPCに入力する。

　この経営判断基準作成は、現経営者と後継者に大変喜ばれる。というのは、失敗談は話しにくいし、成功談は自慢話になるので、そこからの教訓を自分でまとめることはとても難しい。しかし、これは大切な「経験知」となって、のちに後継者にとって大変参考になるもの。こういうことが生きた後継者教育になるのである。

事業承継
50 のチェックリスト
&
10 か年カレンダー

❶事業承継の本音がわかる 「50のチェックリスト」

　ここでは「事業承継50のチェックリスト」の中身とヒアリングの仕方を解説していく。これは「現経営者に対する事業承継準備教育」の一環であり、後継者育成に多くの気づきを与えるものになる。

（1）「事業承継50のチェックリスト」の使い方

- ●原則として、このチェックリストをディスプレイやプロジェクターに投影して、現経営者に見せながら、答えてもらう。
- ●資料を渡して宿題方式にすることもあるが、その場で直接文字入力したほうが、現経営者の生の意見や思いを聞くことができる。
- ●質問は簡単に、項目の上から順番に質問し、現経営者の回答をそのまま右の「実施の有無と課題」の空欄に書き込むだけである。
- ●全部で50項目あるが、該当しない箇所は飛ばす。
- ●1設問当たりの所要時間は3〜5分で終えるようにヒアリングする。

（2）フォームへの記載

- ●ヒアリングしながら、「実施の有無と課題」を箇条書きに記載する。
- ●この「実施の有無と課題」は、いずれ「事業承継10か年カレンダー」の最後の枠で活用する可能性がある。
- ●できるだけ具体的な表現で記載する。
- ●また、「今はできていないが、やりたい」と経営者が言った場合、具体的な内容と実施年度も聞いて記載する。

事業承継前に現社長がやるべき「50のチェックリスト」

	チェック項目	ポイント	実施の有無と課題
1	自分の引退年齢を決めているか	期限を決めることで、いつからどんな準備が必要か見えてくる	
2	自分の引退年齢を周囲に公言しているか	公言することで、「いい訳できない状態」「逃げられない状態」になるので、否が応でも準備せざるを得ない	
3	後継者の候補がいるか	同族か他人か明確な候補がいればよいが、いなければM&Aや清算への準備が必要である	
4	後継者に跡を継いでほしいと伝えているか	後継者候補には、いつまでも曖昧な態度にすると疑心暗鬼になる。明言することで覚悟も違ってくる	
5	後継者が考える次世代の経営戦略を聞き出しているか	後継者の時代にはその時代に相応しい経営戦略がある。それを認め、支援することで後継者は思う存分力を発揮する	
6	周囲に後継者が誰であるか公言しているか	後継者には本人に内々で伝えるだけではなく、周囲にも公言することで「見られている」という責任感が芽生える	
7	後継者に経営責任について教えているか（自分なりに明文化しているか）	経営者としての社会的責任、保証責任、連帯責任など、最後は自分が責任をとる姿勢などを詳細に教える	
8	経営者は孤独で最終決断者であり、身銭を切ることもあることを後継者に教えているか（自分の経験をふまえて、素面で話したことがあるか）	最終決定はすべて経営者であり、幹部も社員も知り合いも失敗したときに責任はない。また会社や従業員を守るため、人を救うため、身銭を切ることを説明しておく	
9	後継者に事業承継計画を説明しているか（事業承継10か年カレンダーのようなプランがあるか）	承継を決めた時から、自身が代表権を外れるまでの相続、戦略、人事の一連の行動計画を説明している。または一緒に作成している	
10	経営者と特定社員しか知らない、役職・処遇の約束、持ち株、等を事業承継時に後継者に説明しているか	役員や幹部の処遇、後継者も知らない「社長と特定社員との密約」についてハッキリ説明しておく	

	チェック項目	ポイント	実施の有無と課題
11	自分の右腕に対し、後継社長就任時の処遇について説明しているか	現在の番頭格の役員や幹部に対して、後継者が社長になった時に、その番頭格の処遇がどうなるか、どんな将来計画を考えてほしいかを説明しておく	
12	古株の社員に対し後継者への従順を指示しているか（または個別面談で十分話し込んでいるか）	自分には従順である古参幹部に対し、後継者に対しても全面的に支援するよう明確に指示する（一般には今の社長には義理と長年の付き合いがあるが、後継者には義理も恩もないので、立てるつもりはないと考える古参幹部がいる）	
13	親族の処遇について対策を実行しているか（経営権をめぐる同族争いがないように整理）	後継者が同族問題で困らないように、会社での親族の処遇や立場、持ち株などを明確に決めて言明しておく。自分の死後の争族が心配なら、遺言や文書で明文化しておく	
14	後継者とは将来について話し合い、「事業承継のプラン」を文字化・スケジュール化したものを見せているか	承継後の組織、経営戦略については、文字や文書にして2人がサシで話し合う場面を持つこと。言葉では言えても、文書化できない場合は専門家やアドバイザーを行司役として活用する	
15	後継者からの報連相を要求するだけでなく、自分自身も後継者へ報連相を徹底しているか	経営者に対して、後継者の報連相を義務化し、経営者も後継者への報連相を徹底する。報連相では2人がサシで話し合うことである	
16	後継者の意見を冷静に聞かず、自分の価値観を押しつけすぎないようにしているか（後継者の成長の阻害要因となる）	後継者の経営手法や戦略を否定して、自分のやり方を強制することが多い経営者のもとでは、後継者は委縮するか、反発するかでのびのび育たない	
17	会社の経理財務について後継者に学ばせているか（B/S、P/L、C/F、資金繰りの見方）	決算書の見方、自社の財務上の問題点を教え、常に「資金の意識」を持たせる。「営業バカ」「製造バカ」の偏った後継者にしないように教育する	
18	会社の資産・負債、担保、連帯保証人について後継者に教えているか	資産の中身と実態、負債の中身と実態、連帯保証人としての覚悟をていねいに説明する。実態をわかったうえで承継を覚悟してもらう	
19	会社の基幹業務について後継者に経験させて学ばせているか	会社の重要な業務（例えば営業や製造等）を数年間経験させ、それぞれの部門の実情を理解したうえで、経営判断ができるような育成をする	
20	会社の総務・税務・法務等について後継者に学ばせているか	管理業務、労働法規、会社固有の順守すべき法令や資格、税法などの根幹部分を教える機会を作る（研修やOJTで）	

	チェック項目	ポイント	実施の有無と課題
21	経営に関する理論的、専門的な学習を後継者にさせているか	KKD（勘、経験、度胸）で経営判断せず、理論的な根拠である理論学習をする機会を与える（マーケティング論、財務戦略論、人事組織論、経営計画、製品開発論、IT戦略論、SWOT分析等）	
22	自分や税理士しかわからない勘定科目を整理しているか	いろんな要素が入った代表者勘定や整理されてない勘定科目を明確にし、後継者にも理解できるようにしておく（過去の負の遺産も明確にする）	
23	人の見方、評価の仕方、判断基準を後継者に教えているか（自分の経験則を伝える場面を持っているか）	経営者がこれまで実体験で裏切られたり、期待しなかった人材が貢献したり、その中でつかんだ「ヒトの見方・判断基準」は、経験不足の後継者にはありがたい教えである	
24	未解決の問題点のリストを作成し、毎年、更新しているか	自分亡き後、後継者が解決しなければならない課題や問題、他人には知られたくない「汚れ」に相当する課題をリスト化しておく。後継者への「活きた遺言」になる	
25	生命保険の必要保障額を確認し、加入しているか	自分亡き後の会社の借入金や当面資金のため、または経営者退職金のために標準保障額を計算し、保険加入する。その経費を賄う経営計画も考える	
26	お金の使い方の判断基準について後継者に伝えているか	おカネには「活き銭」と「死に銭」があり、それも経営者の過去の経験から判断基準があるはずだ。それを事あるごとに伝える	
27	自社の企業スピリット（歴史、どん底を救った思想と行動）が整理されて、それを後継者に教えているか（何か、文書や文字にしているか）	後継者も知らない創業時の苦労、経験、これまでの歴史の中での紆余曲折を文書または動画などにして「レガシー（伝説）」として整理しておく	
28	会社の歴史と出来事、その時の背景または自分の過去の失敗談を後継者に伝えているか	会社の歴史や失敗談ほど役に立つケーススタディはない。歴史的な事実、失敗した事実より、その失敗に至った背景、原因、行動を整理し、後継者への戒めとして活用する	
29	販売、購買、仕入、生産、外注のコツについて後継者に教えているか	さまざまな経営事項について、長年の歴史の中で、「やっていいこと」「やってはならないこと」がある。それをカン・コツ・ツボという。それを箇条書きにして伝える	
30	自分の人脈・企業脈を後継者に紹介しているか	経営者の人脈を自分だけにとどめず、後継者にも紹介し、また付き合いの幅を広げるようにサポートする。経営者の人脈の中で「宝の人脈」は、後継者にとっても重要だ	

	チェック項目	ポイント	実施の有無と課題
31	自社の取引会社、協力会社、その他関連会社に後継者を紹介し、引き合わせる場面をたくさん作っているか	関係会社に1回だけ後継者を引き連れて紹介するだけでは、人脈にはならないし、社交辞令で終わる。会合、イベントなど積極的に後継者と一緒に参加し、引き合わせる	
32	必要な金融機関などには早い段階で後継者を紹介しているか	後継者を紹介するだけでなく、決算説明の場や融資依頼の場面にも参加させ、金融機関との関係性を体感させる。また融資のための事業計画の作成も税理士任せにせず、後継者に作成を経験させる	
33	金融機関などの折衝には、必ず同席させているか		
34	自社の金融機関の格付け、調査機関の点数などを教えているか	格付けや興信所の評価点の実態を伝え、その意味するところを教え、自社はどういうことに注意し、どんなアクションをとらねばならないかを説明する	
35	日頃から組織を超えた「親子喧嘩」「身内喧嘩」がないようにしているか	会議や社員の面前で親子喧嘩・身内喧嘩にならないように、言葉使い、感情の抑制を常々言っておく。文句があるなら、マンツーマンで言う	
36	息子であっても、後継者のメンツを潰すようなことを公の場面で発言しないように意識しているか	後継者にもメンツがある。人前で罵倒したり否定すれば、萎縮と反感しか残らず、経営者とのコミュニケーションがますます悪くなる	
37	後継者とつかず離れずの距離を保つように気をつけているか	後継者が息子であっても、会社での後継者という立場を優先する。社員にはルール順守を言うのに、後継者や同族は特別扱いにならないようにする	
38	実績がまだ何もないのに後継者に重要なポジションを与えるなど、特別扱いしないようにしているか	自社での経験や実績がない後継者はまず、社内修行期間を設ける。そして、実績を出させた後、ある期間を過ぎたら重要ポストに上げる	
39	相続税、株価対策、株の所在場所（分散株）等について教えているか	相続税対策では株評価が重要なので、どんな計画で株価対策をするか、誰がどのくらいの株を持っているか、その株を一元化するにはどうすべきか、などを税理士も交え教えておく	
40	後継者が社長就任前後に『新ビジョン・新戦略』などを決められるように支援や指導をしているか。ない場合は第三者を活用しているか	後継者時代の会社の将来像を『新ビジョン』として作成するように指導する。特にマーケティングの方針、差別化商品、顧客方針と社内組織の方針を明確にさせる	

	チェック項目	ポイント	実施の有無と課題
41	新会長と新社長の職務範囲（責任範囲）をキチンと決めていて、後継者と整合性をとっているか	院政や二頭政治にならないように、双方が話し合い、あらかじめ職務責任範囲や権限移譲計画を文書化しておく	
42	現社長と役員、後継者で話し合いながら、役員や主要幹部の基本役割を職務分掌化させているか	後継者が社長になった時に前社長である会長の職務責任範囲、他の取締役や幹部の職務責任範囲を明文化することで、「後継者が各役員・幹部に求めること」を明らかにする	
43	後継者を中心とした経営方針・年度経営計画が作成できるように教えているか	承継方針が決まったら、毎年事業年度の時期に、経営計画書の作成を後継者中心にとりまとめさせ、それをモニタリングさせる。これは経営者にとって重要な仕事である	
44	新社長を中心とした役員会、経営会議の運営方法を教えて、実際に議事進行をさせているか	これまで会議運営の型が決まってないとか、経営者が司会も指示も行い独演会になっているなら、後継者の時代には、有効で効率的な会議運営を考え実行させる	
45	後継者は社員や顧客、取引先から、人間的に好かれるよう「基本動作」についての重要性を学ぶ場面を作っているか	人として好かれるかは「信頼されるかどうか」にかかっている。性格は変わらないが、約束を守る、行動が早い、報連相がよい、潔いなどの行動面で好かれることが大事	
46	後継者は社員や顧客取引先に何かを頼んだり謝るとき、誠心誠意頭を下げて陳謝懇願できることが重要だと教えているか	プライドばかり高く、頭を下げない後継者には社員も関係先も反発する。後継者として信頼されるには、この当たり前のことが当たり前にできることが大事だ	
47	後継者が古参幹部や役員の経験、ノウハウ、知識を上手に活用するよう支援し、仕組みを作っているか	「考えが古い」「頭が固い」と古参幹部を煙たがり、遠ざける後継者には、古参幹部も協力したくない。過去の経験という大事なノウハウを教えてもらうほうが利口である	
48	後継者に時間、金、約束事を社員以上にしっかり守るように教えているか	人の信頼は、時間とカネの約束事の順守と、社内・社外ルールをしっかり守ることから始まる。社員以上にそれを徹底させるように後継者を指導しなければならない	
49	自分の財産目録を作成しているか	自分亡き後、どんな財産があるのかわからないと後継者も困る。わかりやすい不動産や現預金、有価証券以外にも、貸付金などがあれば、整理しておく（負債も同様）	
50	自分のリタイヤ後の計画をすでに立てているか	経営者のリタイヤには段階がある。その段階別に自分の「やりたいこと計画」を整理する。仕事しかない場合は、やるべき業務を段階的に記す	

1
2
3
4-1
4-2
4-3
4-4

❷事業承継のすべてを一覧にする「事業承継10か年カレンダー」

■事業承継10か年カレンダー（長期計画）

		2007年（現在）	2008年	2009年	2010年	2011年
役員年齢	Ｔ山(伸)社長（創業）	63歳	64歳	65歳	66歳	67歳
	Ｔ山（憲）専務（弟）	55歳	56歳	57歳	58歳	59歳
	Ｔ山（雅）常務（妻）	58歳	59歳	60歳	61歳	62歳
	Ｔ山(和)部長（長男）	35歳	36歳	37歳	38歳	39歳
	Ｔ山(雄)課長（次男）	32歳	33歳	34歳	35歳	36歳
職責	Ｔ山(伸)社長（創業）	代表取締役社長 →				
	Ｔ山（憲）専務（弟）	専務取締役（営業） →		取締役副社長（営業） →		
	Ｔ山（雅）常務（妻）	常務取締役（経理） →				取締役（経理顧問）
	Ｔ山(和)部長（長男）	取締役営業部長 →		専務取締役 →		
	Ｔ山(雄)課長（次男）	課長（生産部）	副工場長	副工場長	取締役生産部長	取締役生産部長
業績	売上（本体）	778,000	780,000	759,000	792,000	800,000
	売上（G会社）①					
	売上（G会社）②					
	連結経常利益率					
基本方針		創業以来35年、工場の設備資材、副資材の材販を通じて工場インフラに貢献してきた価値基準は、H18年に作成した『経営理念』をベースとした『Tyama-Way』に基づいて、				
基本政策	材販事業	一般材販の市場規模が年々縮小傾向。今まで経営の主力であった材販部門の依存度を長				
	メンテ事業	ストックビジネス市場の拡大で、今までの施工物件に対するメンテサービスパックはニ				
	副資材事業	きらりと光る技術を磨き、コア技術の生産部門を保持していく。				
	販社関係	市場規模が縮小しているとはいえ、全国ではまだ未開拓の市場がある。全国販売代理店				
	一族関係	一族で独立意思のある者はそれぞれ一国一城の主として分社による責任を持つ。ただし、強固なグループ経営を目指す。社長の判断で各分社の経営者は本体の取締役も兼務する。				
事業ドメイン（領域）経営戦略		材販事業部の生産を縮小する（比率40〜50%維持）				
		副資材事業部（非材販）（比率20%）の維持				
		東京材販部は独自の販路開拓（比率15%維持）				東京材販部の自立
		メンテ売上拡大（比率10%⇒20%）				

　「事業承継 10 か年カレンダー」は、事業承継を迎えた事業所では必要なコンテンツであり、後継者候補がいる段階では、これは必須のものになる。それぐらい重要なツールである。

　実際にどのようなヒアリングをしながら、この「事業承継 10 か年カレンダー」を作成しているのか、そのポイントを解説する。

2012 年	2013 年	2014 年	2015 年	2016 年	2017 年
68 歳	69 歳	70 歳	71 歳	72 歳	73 歳
60 歳	61 歳	62 歳	63 歳	64 歳	65 歳
63 歳	64 歳	65 歳	66 歳	67 歳	68 歳
40 歳	41 歳	42 歳	43 歳	44 歳	45 歳
37 歳	38 歳	39 歳	40 歳	41 歳	42 歳
代表取締役会長	→	取締役会長	→	取締役	相談役
取締役顧問	→	退任（子会社譲渡）	→		
←	→	退任	→		
代表取締役社長					→
専務取締役 生産部長	専務取締役 生産部長	副資材事業分社 社長	→		
800,000	800,000	800,000	800,000	800,000	800,000
		100,000	100,000	100,000	100,000
		100,000	100,000	100,000	100,000

ビジネスモデルに固執はしない。時流にあわせて時々の経営陣の判断でビジネスモデルは変えていく。ただし、すべての『世間に支持される経営』を貫く。

期的に下げて、工場もファブレス化。

ーズが高まる。将来的にはメンテ専門会社も設立し、ストックビジネスによる収益づくりを行う。

のネットワークを構築し、東京のみは分社で販社設立（分社長は T 山憲専務）。

本体はすべての株式の 51％以上は持つ。時々の判断で異なるが、本体が厳しい局面になれば、子会社は本体を積極的に支援し、

本社材販部の生産部門のファブレス化（外注工場へ委託）	
副資材事業部の独算化	副資材事業部　分社化（次男）
・独立採算制	東京販社設立分社化（専務が社長へ）
メンテ部の粗利比率 30％超	メンテ部門の別会社化（社長は長男）

		2007 年（現在）	2008 年	2009 年	2010 年	2011 年
経営幹部の基本役割責任	Ｔ山社長（創業）	経営全般の責任、生産部門の総括責任、対外的な活動（商工会、法人会他）				
	Ｔ山専務（弟）	営業全般の責任、東京材販部の総括責任、顧客管理、業界の付き合い、情報交換				
	Ｔ山常務（妻）	経理・総務全般の責任。後継者として、Ｔ山部長（長男）の嫁の教育。				
	Ｔ山部長（長男）	営業全般の副責任、新規開拓責任、メンテ部門総括責任。Ｔ山専務から営業管理ノウハウを習得する				
	Ｔ山課長（次男）	生産全般の副責任、品質コストの副責任者。製品開発責任。工場長から生産管理ノウハウ習得				
	Ｔ中工場長	生産全般の責任。品質、コストの責任者。Ｔ山課長（後に生産部長）の工場長としての指導育成			工場長顧問。Ｔ山課長（後に生産質保証の責任者として、工場長を支	
	Ｙ室長	原価管理と積算責任者。Ｔ山部長（後社長）の社内ブレーンとして一緒に経営幹部教育を行う			企画部長として、経営全般の参謀役。	
	Ｔ山主任（長男妻）	経理、総務全般の副責任。Ｔ山常務の管理部の後継者として、労務、人事、庶務の主業務を中心に、徐々に金融、財務、会計業務も経験していく				
資金対策	退職資金、相続税資金、大型設備投資等	※社長、専務、常務は付保済み		長男への付保（退職金準備）	次男への付保（退職金準備）	
相続税対策	遺言状、贈与、相続対策	※自社株評価額○○○円／株	Ｔ山社長の財産把握→相続税額の試算→遺言書作成	相続人を受取人とする生命保険へ加入	Ｔ山社長の株式を長男へ贈与開始	
金融対策	金融機関対策、調達、借入、保証	※メインは△△銀行。その他2行	格付けの把握		金利交渉	経営者保証をなくす交渉開始
その他事業承継に関する予定		●事業承継10か年カレンダー作成 ●取締役職務責任文書化	●代表者勘定の中身と分散株状況を長男に説明（今後の対策スケジュール作成） ●弟（現専務）に分社と本社経営関与の方針とルールを説明（子会社譲渡の方向で）		●中期経営ビジョン作成（長男中心に） ●行動規範・経営判断規定作成（社長と長男、次男で） ●承継計画を金融機関へ報告（長男が専務就任時）	

2012年	2013年	2014年	2015年	2016年	2017年
対外的な活動（地域、業界、商工会等）、経営監査業務（現場監査）				一線から退任	
東京販社の設立から、経営責任まで。全国販売の仕掛け。東京販社から本体とグループを支える					
社長退任時に、管理部の顧問として後進の育成。特にＴ山主任の教育		原則、経営業務に関与しない			
後継者として経営全般の責任を負う。対外活動以外はすべての責任を持つ。金融、会計についても常務の指導を受けながら学習する					
本体の取締役として次期社長を補佐する。また生産部門の子会社化に伴い、子会社の経営責任を負う					
部長）の補佐。品える	定年退職後（継続雇用）・・・本人の健康と意思によるが、できるだけ頑張ってもらう				
新社長を補佐する	取締役企画部長として役員へ登用		⟶		
業務部長として、管理部門全般の責任を持つ。その後状況に応じて取締役就任の検討を行う			⟶		
		保険解約により専務、常務へ退職金支給		保険解約により社長へ退職金支給	
事業承継税制の適用検討	相続税再試算→遺言書の見直し			相続税再試算→遺言書の見直し	
承継後の古参幹部の処遇決定と本人に個別面談（社長）					

（1）「事業承継 10 か年カレンダー」のフォームを用意

　まず、PC とディスプレイかプロジェクターを用意してもらい、現経営者、後継者はそれを見ながら議論をし、必要な文言をフォームに入力していくが、その準備ができた段階でスタートする。

（2）経営者、同族役員、主要幹部の年齢を記入

　Excel のシートに現在年齢から 10 年後までの各自の年齢を入力する。
　この年齢を見るだけで、経営者や後継者にはいろいろな思いが頭をよぎる。例えば、経営者なら、
　「いつ代表を降りようか」
　「自分が代表を降りるときに、同族役員は一緒に辞めてもらおうか」
　「自分がいつまでもトップにいたら、後継者はやりにくいだろう」
　「代表権を譲ったら、自分は何をすべきか」

■役員・主要幹部の年齢

	現在／年数	2007 年（現在）	2008 年	2009 年	2010 年
役員年齢	Ｔ山（伸）社長（創業）	63 歳	64 歳	65 歳	66 歳
	Ｔ山（憲）専務（弟）	55 歳	56 歳	57 歳	58 歳
	Ｔ山（雅）常務（妻）	58 歳	59 歳	60 歳	61 歳
	Ｔ山（和）部長（長男）	35 歳	36 歳	37 歳	38 歳
	Ｔ山（雄）課長（次男）	32 歳	33 歳	34 歳	35 歳

※ 42 〜 43 ページの表（部分）再掲

「会長の仕事ってなんだろう」

「長男を社長にするとき、次男はどうしようか」

「長男の嫁をどの段階で経営に関与させるか」

「古参役員の定年後、誰が後継者の右大臣、左大臣か」　等々

後継者なら、

「社長には会長になった後も、しばらくは二人代表でないと困る」

「自分が社長になったら、同族役員や社員はどうするか」

「10年後、自分は○○歳か」

「自分の代の役員は誰にするか」

「これから5年後の経営戦略はどうしたらよいか」　等々

　このように10年後の年齢を見ることで、今の課題が次々と浮き彫りになってくる。

2011 年	2012 年	2013 年	2014 年	2015 年	2016 年	2017 年
67 歳	68 歳	69 歳	70 歳	71 歳	72 歳	73 歳
59 歳	60 歳	61 歳	62 歳	63 歳	64 歳	65 歳
62 歳	63 歳	64 歳	65 歳	66 歳	67 歳	68 歳
39 歳	40 歳	41 歳	42 歳	43 歳	44 歳	45 歳
36 歳	37 歳	38 歳	39 歳	40 歳	41 歳	42 歳

（3）現経営者、各役員、主要幹部の役職予定を記入

　現社長の役職推移（代表取締役社長、代表取締役会長、取締役会長、会長、顧問）を記入する。

- 代表取締役社長から代表権がなくなると、即役職を外れるという人もいるが、一般的にはそうそう簡単には外れにくいものである（保証人は役職に関係なく続く場合が多い）。
- 現社長と一緒に退任する同族役員（社長夫人、社長子飼いの古参役員、社長の一族等）の役職推移も、ある程度記載する。
- 後継者の役職推移（部長、常務取締役、専務取締役、代取社長）。そして、他の同族役員（後継者の兄弟、従妹）、後継者時代の幹部役員の役職推移も記載する。
- 重要幹部の定年や継続雇用計画の記入（役員経験者などの定年で、技能伝承や後継役員の職務サポートが必要な場合は「1年単位の顧問契約」と記入する。
- ここでは、今後の事業戦略や担当役員などは無視して記入する。

■主要幹部の役職推移

		2007年（現在）	2008年	2009年	2010年
職責・年次推移	Ｔ山(伸)社長(創業)	代表取締役社長			
	Ｔ山（憲）専務（弟）	専務取締役（営業）		取締役副社長（営業）	
	Ｔ山（雅）常務（妻）	常務取締役（経理）			
	Ｔ山（和）部長（長男）	取締役営業部長		専務取締役	
	Ｔ山（雄）課長（次男）	課長（生産部）	副工場長	副工場長	取締役生産部長

※42～43ページの表（部分）再掲

2011 年	2012 年	2013 年	2014 年	2015 年	2016 年	2017 年
→→→	代表取締役 会長	→→→	取締役会長	→→→	取締役	相談役
→→→	取締役顧問	→→→	退任 （子会社譲渡）	→→→		
取締役 （経理顧問）	→→→	→→→	退任	→→→		
→→→	代表取締役 社長	→→→				
取締役 生産部長	専務取締役 生産部長	専務取締役 生産部長	副資材事業 分社社長	→→→		

(4) 10か年の売上計画（予想）

売上予想は、現状で考えられる程度でよいだろう。

- ●売上予想の前に売上科目を決める。今後のビジネス展開、子会社設立、事業部展開や新規事業、グループ会社の構想などが具体的にあれば、その枠を追加する。
- ●今のビジネスの売上だけではなく、今後の新ビジネスについても売上の可能性があるので、その枠を必要数用意する。
- ●まず、今のビジネスが10年間どう推移するかをヒアリングする。
- ●最初の5年程度の数字を聞いたら、後は横ばいにしておく（根拠なく増加させない）。
- ●売上科目や売上予想が中途半端であっても、全部書かれなくてもよいこととする。なぜなら、次に検討する基本政策や経営戦略で売上予想が大きく変わるからである。
- ●すでに取り組んでいる新規事業やM&Aの予定、新たな販路、または別会社設立などの既定路線があればそれらを加える。
- ●下記の例では「売上（G社）①」「売上（G社）②」が別会社方針のもと、だいたいの売上予想をイメージしていく。

■ 10か年の売上計画

		2007年（現在）	2008年	2009年	2010年
業績	売上（本体）	778,000	780,000	759,000	792,000
	売上（G会社）①	0	0	0	0
	売上（G会社）②	0	0	0	0
	連結経常利益率	0	0	0	0

※ 42 〜 43 ページの表（部分）再掲

（単位：千円）

2011 年	2012 年	2013 年	2014 年	2015 年	2016 年	2017 年
800,000	800,000	800,000	800,000	800,000	800,000	800,000
0	0	0	100,000	100,000	100,000	100,000
0	0	0	100,000	100,000	100,000	100,000
0	0	0	0	0	0	0

(5) 基本方針をヒアリングする （54 〜 55 ページ参照）

- 基本方針とは、後継者に譲るにあたって大事にしてほしい価値観、行動規範、または「これだけはやらないでほしいこと」「枝葉は変えてもいいが、基本は守ってほしいこと」などである。
- 現社長の時代に、潰れずにこれまでやってこられた理由、守ってきた価値観などは、ここで箇条書きで記入する。
- あまり詳しく記載する必要はない。詳細な価値観や行動指針は「経営判断基準づくり」で網羅するので、ここでは抽象的な表現でも可。

(6) 基本政策（基本戦略）をヒアリングする （54 〜 55 ページ参照）

- 基本政策（基本戦略）として、今後5年後（10年後は見えない）も生き残り、収益が上がる理由や独自の経営戦略をヒアリングする。
- 基本政策（基本戦略）の欄には、今後の経営戦略／出店進出予定／構造改革予定／開発予定／新規事業予定などを箇条書きで記入する。
- 未来像が見えないから答えられないという現経営者、後継者には日をおいて別の時間でSWOT分析を提案する。（拙著「SWOT分析を活用した根拠ある経営計画書事例集」（マネジメント社）を参照）
- SWOT分析が重いなら、「アンゾフマトリックス」4領域の質問でもよい。
- 何らかの具体的な方向性、政策を聞き出す。
- アンゾフマトリックスは、次ページの「市場浸透」「新製品開発」「市場開拓」「多角化」に沿ってヒアリングする。まず、フォームをプリントして見せて説明し、その後、プロジェクター投影しながらヒアリングしたものを記入していく。最後に、「ビジョン・基本政策」の欄に記入する。

アンゾフ 4つの視点による質問とヒント（経営者意思確認 ver）

		既存商品		新規商品
		市場浸透		**新製品開発**
既存市場	1	既存の顧客に既存の商品で、5〜10％売上増を期待するなら、どんな販促対策が考えられるか	1	今の顧客に新たに導入できる商品、新たに開発したい商品やサービスは何が考えられるか
	2	今の顧客に商品をもっと認知してもらうには、どんな販促をかけるか	2	今の商品・サービスから、ネーミング・パッケージ・容量・流通ルートなどを変えることで、どんな新顧客を取り込むのが可能か
	3	他社商品から自社商品に乗り換えてもらうために、どんな販促やキャンペーンをするか（シェアアップ対策）	3	既存客から別途売上を上げるためは、アフターサービスやメンテナンスは具体的にどんな強化を図ればよいか
	4	自社商品の売り場を増やす、自社商品のアイテムアップ、サービス利用頻度をもっと増やしてもらうために、どんな対策があるか	4	既存商品の「周辺サービス」「周辺業務」「周辺商品」を受注しようとすれば、どういう商材が可能か
	5	使用頻度・購買頻度を増やすために何をするか	5	既存商品の「リペア・リサイクル・リフォームによる低価格の付加価値商品」を実現することで、販売拡大が可能になるとすればどんなことか
		市場開拓		**多角化**
新規市場	1	来期はどれくらい新規の口座開拓をしたいか。そのためにはどんな条件を付けるか、どんな仕掛けや販促が必要か	1	知り合いから聞いた話、同業者が取り組んでいる新規事業で、何か考えていることはないか
	2	Web を活用して、通販、直販、顧客との直接のネットワークを構築すれば、さらにどんなビジネスチャンスの拡大が可能か	2	顧客の声から、新たに可能性がある新規事業や挑戦したい分野は何か
	3	同業者の二番煎じでマネしたい戦略は何か？どうしてその戦略は有効だと思うか	3	まだこの地域では他社が取り組んでいないことで、新規事業として興味があるものは何か
	4	今の商材の使われ方を変えることで、新たな用途開発につながる「価値転換」「用途転換」があるとすればどういうことが可能か。またそれを欲しがる新規客は誰か	4	今の不動産、顧客を活かしてできる新ビジネスには何があるか
	5	今の商品を、違う顧客対象、違う販売チャネルに営業しようとしたら、何をどう変えれば可能か	5	FC や業務提携で、新ビジネスを考えていることは何か

ビジョン・基本政策（経営戦略・部門戦略）	1	
	2	
	3	
	4	
	5	

■基本方針および基本政策（基本戦略）

	2007 年 （現在）	2008 年	2009 年	2010 年	2011 年
基本方針	創業以来 35 年、工場の設備資材、副資材の材販を通じて工場インフラにジネスモデルは変えていく。ただし、すべての価値基準は、H18 年に作成を貫く				

※ 42 ～ 43 ページの表（部分）再掲

		2007 年 （現在）	2008 年	2009 年	2010 年	2011 年
基本政策	材販事業	一般材販の市場規模が年々縮小傾向。今まで経営の主力であった材販部門				
	メンテ事業	ストックビジネス市場の拡大で、今までの施工物件に対するメンテサービよる収益づくりを行う				
	副資材事業	きらりと光る技術を磨き、コア技術の生産部門を保持していく				
	販社関係	市場規模が縮小しているとはいえ、全国ではまだ未開拓の市場がある。				
	一族関係	一族で独立意思のある者はそれぞれ一国一城の主として分社による責任が厳しい局面になれば、子会社は本体を積極的に支援し、強固なグルー				

※ 42 ～ 43 ページの表（部分）再掲

2012 年	2013 年	2014 年	2015 年	2016 年	2017 年

貢献してきたビジネスモデルに固執はしない。時流にあわせて時々の経営陣の判断でビ
した『経営理念』をベースとした『Tyama-Way』に基づいて、『世間に支持される経営』

2012 年	2013 年	2014 年	2015 年	2016 年	2017 年

の依存度を長期的に下げて、工場もファブレス化

スパックはニーズが高まる。将来的にはメンテ専門会社も設立し、ストックビジネスに

全国販売代理店のネットワークを構築し、東京のみは分社で販社設立（分社長は T 山憲専務）

を持つ。ただし、本体はすべての株式の 51% 以上は持つ。時々の判断で異なるが、本体
プ経営を目指す。社長の判断で各分社の経営者は本体の取締役も兼務する

(7) 事業ドメインと経営戦略を聞き出す

　事業ドメイン（経営戦略）は、上記の基本政策（基本戦略）を実現するための個別の戦略事項である。基本政策を検討した時点である程度ヒアリングしているので、最初にわかる範囲でこちらからいくつか記入してから始めると、話が早く進む。

　これらの事項と中期収支計画を一覧で確認できるフォームを作成するとよいだろう。

　この項目で聞く内容としては、次のような事項である。

■事業ドメインと経営戦略

	2007 年 （現在）	2008 年	2009 年	2010 年	2011 年
事業ドメインと 経営戦略	材販事業部の生産を縮小する（比率 40 ～ 50%維持）				
	副資材事業部（非材販）（比率 20%）の維持				
	東京材販部は独自の販路開拓（比率 15%維持）				東京材
	メンテ売上拡大（比率 10%⇒ 20%）				

※ 42 ～ 43 ページの表（部分）再掲

- 市場の動き（今後、自社の市場はどう変化するか、どんなポジショニングが必要か。それは何年ぐらいで変化するか）
- 事業展開（拡大、出店、進出、新規事業、M&A、提携等）
- 商品戦略（伸ばす商材、減らす商材、新たな商材、マーケティング展開等）
- 顧客戦略（顧客開発、CS、囲い込み、新チャネル、新市場等）
- 組織体制（後継者、独立採算分社、内製化、アウトソーシング化、グループ体制、新組織等）
- 設備・投資戦略（出店、機械投資、工場、ノウハウ投資等）
- 部門戦略（営業部、管理、生産、店舗等の個別方針）

2012年	2013年	2014年	2015年	2016年	2017年
本社材販部の生産部門のファブレス化（外注工場へ委託）					
副資材事業部の独算化		副資材事業部　分社化（次男）			
販部の自立・独立採算制		東京販社設立分社化（専務が社長へ）			
メンテ部の粗利比率30％超		メンテ部門の別会社化（社長は長男）			

（8）基本政策（基本戦略）と事業ドメイン・経営戦略から、売上計画を改訂する

（4）で記載した売上計画は、基本政策（基本戦略）や事業ドメインと経営戦略を聞く過程で変化するので、その都度数字を変更する。

さらに、売上科目も「戦略項目」が出てくれば、追加していく。

そして、その戦略は「何年ごろから始めるか」「何年ごろから売上になるか」「それはいくらぐらいか」をヒアリングしながら、売上計画欄に入力していく。変更があれば、また戻って修正を繰り返す。

こうした内容をできるだけ具体的に聞きながら、修正を繰り返しながら、売上計画欄に入力していく。

■3か年中期経営計画（×××1年～×××3年）

中期ビジョン【開発】	付加価値の高いA商品の全国展開、全国販売組織の構築とメンテナンス事業の強化で安定収益化
中期ビジョン【構造】	今後の若手人材不足を補う「高齢者雇用」「パート・女性の積極活用」ノウハウの確立と、水平分業、垂直統合の同業者提携、外注先提携、販売先提携を積極化

	×××1年		×××2年		×××3年	
総売上	780,000		759,000		792,000	
本社材販部	500,000	64%	480,000	63%	450,000	57%
本社非材販	150,000	19%	145,000	19%	130,000	16%
本社メンテ	30,000	4%	38,000	5%	120,000	15%
東京材販	80,000	10%	78,000	10%	90,000	11%
その他	20,000	3%	18,000	2%	20,000	3%
粗利益	140,000		119,000		116,000	
粗利益率　％		17.9%		15.7%		14.6%
経常利益	14,000		0		2,000	
経常利益率　％		1.8%		0.0%		0.3%
従業員数		40		37		35
労働分配率　％		57%		56%		45%
原材料比率　％		31%		32%		37%
○○率　％						

（吹き出し）商材の構成比はそのまま、戦略の表れとなる

（吹き出し）労働分配率目標は、人件費戦略が見える

（吹き出し）その他、自社の経営に大きく影響する基準指標の目標を出す（例　新規商品比率、海外仕入率等）

市場の動き・予測（自社に関係する競合環境、景気先行き、盛衰の分野等）	一般材販の原料コストアップは当面続く。高止まりを覚悟の事業展開をする。円安による輸入コスト上昇。×××2年は大幅減収の予想	
	当面、同業者も耐え忍ぶ展開で、弱小またはキャッシュフローの悪い同業は淘汰される	ここで生き残れば、需要増の可能性
ポジショニングまたはシェア（業界、地域での位置づけ、強みの出し方、商材別シェア等）	材販業界では弱小の位置づけ。しかしメンテ部門は他社より一日の長があり、強化	
	東京部門の商社売上は一旦落ちるもまだ伸びる可能性大。分社政策も視野に入れる	
商品戦略（伸ばす商材、減らす商材、新たな商材、マーケティング展開等）	A商品と付帯サービスは、収益面でも東京強化の切り札としても有効。今後大いに成長可能な商材	
	A商品と付帯サービスを実現するエンジニアリングセールスが不可欠であり、その採用及び育成が急務	
顧客戦略（顧客開拓、CS、囲い込み、新チャネル等）	代理店システムの確立	全国販売代理店の稼動（最低でも中核都市に1代理店）
		Cランク顧客絞込みによる売上減
組織体制（非正社比率、後継者、独算制、分社、グループ体制、新組織等）	エンジニアリングセールスの採用と現場要員を顧客担当に異動する	専任採用を図る
	メンテ事業部の新規採用と○○専務の専任化	メンテ事業部の独立採算と分社化検討
設備・投資戦略（出店、機械投資、ノウハウ投資等）	派遣社員の活用	収益を見て工場の省力化投資
	代理店システム確立のための外部協力	外注先のM&A検討	ファブレス工場の一部実現
部門戦略（営業部、管理、生産、店舗等の個別方針を記す）		

(9) 経営幹部の役割と責任、昇格、抜擢、退任などの組織戦略

　先述の事業ドメインや、役職予定、定年などをベースに、大まかな職務範囲を記載する。各人毎（役員や主要幹部）の細かい役割や責任、コミットメントは後述する「役員幹部の役割と責任の文書化」で作成するので、ここでは簡易な記載でよい。

> ● 現社長及び社長夫人、役員や主要幹部の年度別の役割と責任を記載
> ● 現社長及び社長夫人、役員や主要幹部の定年・退任後の基本業務を記載
> ● 後継者時代の役員、幹部登用後の役職と基本業務を記載
> ● 後継者時代の役員、主要幹部に抜擢する若手幹部社員の役職登用予定と基本業務を記載
> ● 後の役員、幹部が不在または抜擢するほどの人材がいない場合、「外部から採用」または「アウトソーシング」と記載し、固有名詞の記載はしない

		2007 年（現在）	2008 年	2009 年	2010 年	2011 年
経営幹部の基本役割責任	Ｔ山社長（創業）	経営全般の責任、生産部門の総括責任、対外的な活動（商工会、法人会他）				
	Ｔ山専務（弟）	営業全般の責任、東京材販部の総括責任、顧客管理、業界の付き合い、情報交換				
	Ｔ山常務（妻）	経理　総務全般の責任。後継者として、Ｔ山部長（長男）の嫁の教育				
	Ｔ山部長（長男）	営業全般の副責任、新規開拓責任、メンテ部門総括責任。Ｔ山専務から営業管理ノウハウを習得する				
	Ｔ山課長（次男）	生産全般の副責任、品質コストの副責任者、製品開発責任。工場長から生産管理ノウハウ習得				
	Ｔ中工場長	生産全般の責任。品質、コストの責任者。Ｔ山課長（後に生産部長）の工場長としての指導育成			工場長顧問。Ｔ山課長（後に生品質保証の責任者として、工場	
	Ｙ本室長	原価管理と積算責任者。Ｔ山部長（後社長）の社内ブレーンとして一緒に経営幹部教育を行う			企画部長として、経営全般の参佐する	
	Ｔ山（優）主任（長男妻）	経理、総務全般の副責任。Ｔ山常務の管理部の後継者として、労務、人事、庶務の主業務を中心に、徐々に金融、財務、会計業務も経験していく				

※ 44 ～ 45 ページの表（部分）再掲

　　ここで見たいのは、事業承継、担当部門承継、担当業務承継後の人事組織を決めることである。予定していた部門長後継候補が途中で退職する可能性もあるので、人材がそろっているなら、各部門の後継候補ナンバーワンとナンバーツーまで記載することが望ましい。

　　この段階では、経営者だけでなく、根回し済みなら後継者や上級役員も入れて検討し、作成したほうがいいかもしれない。

2012年	2013年	2014年	2015年	2016年	2017年
対外的な活動（地域、業界、商工会等）、経営監査業務（現場監査）				一線から退任	
東京販社の設立から、経営責任まで。全国販売の仕掛け。東京販社から本体とグループを支える					
社長退任時に、管理部の顧問として後進の育成。特にＴ山主任の教育	原則、経営業務に関与しない				
後継者として経営全般の責任を負う。対外活動以外はすべての責任を持つ。金融、会計についても常務の指導を受けながら学習する					
本体の取締役として次期社長を補佐する。また生産部門の子会社化に伴い、子会社の経営責任を負う					
産部長）の補佐。長を支える	定年退職後（継続雇用）･･･本人の健康と意思によるが、できるだけ頑張ってもらう				
謀役。新社長を補	取締役企画部長として役員へ登用 →				
業務部長として、管理部門全般の責任を持つ。その後状況に応じて取締役就任の検討を行う	→				

（10）事業承継後の組織図の作成

《2007 年〜2011 年までの組織図（基本構成）》

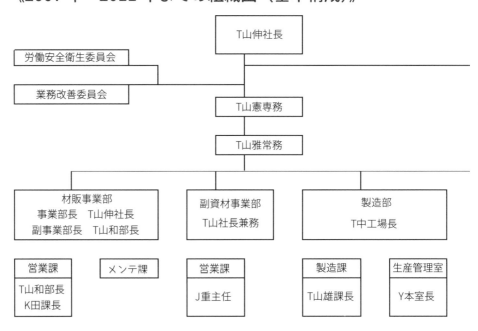

《2012 年以降の組織（予定）》

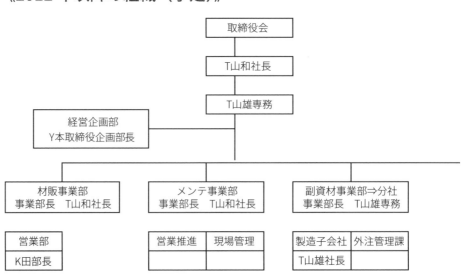

　言葉だけでは組織戦略はわかりにくいので、「現組織図」と「承継後の組織図」を作成すると、一目で理解できる。

　「承継後の組織図」は、上記の役員・幹部の役割と責任や、役職推移を参考に「図式化」する。Excelでもパワーポイントでもよい。

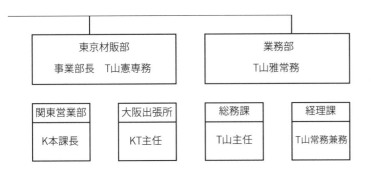

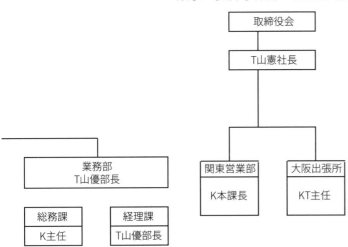

東京　独算事業部　販社分社

(11) 通常の事業承継で必要な「財産相続承継」のスケジュール

> ● 一番下の項目は、相続税対策、贈与対策、資金対策、金融機関対策、また
> は遺言、遺産分割協議など、通常の事業承継に必要な財産相続承継の予定
> をこの欄に記載する。
> ● 「事業承継の見える化」と並行して、税理士や相続の専門家と協議しなが
> ら進める。
> ● これまでの「経営戦略承継」「組織人事承継」から、ある程度の素案を作
> 成したうえで、相続の専門家に相談したほうがアドバイスを受けやすくな
> る。

(12) 資金対策…相続対策資金、経営者退職金、大型設備投資等

　ここでは、今後10年間の大きな資金需要を計画する。経営者退職金（保険解約以外の金額）や他の役員退職金で保険解約以外の資金が必要なら、その定年時に必要となるおおよその金額を記載する。

　また、経営戦略から「大型の設備投資」や「戦略的な資金需要（投資や出資）」があれば、それも入れておく。

　株の贈与や一元化の大まかな計画があれば、ここに記載する。

(13) 相続税対策…相続計画、株価対策、遺産分割、遺言等

　これは、最終的には弁護士や税理士等の専門家と協議して作成する。

(14) 金融対策…金融機関戦略、経営者保証対策、資金調達対策

　今後のメインバンクとの付き合い方や直接金融の計画、増資や経営者保証に関する計画を記載する。資本性劣後ローンなどを金融機関と調整する予定があるなら、それも加える。

(15)「事業承継50のチェックリスト」の
　　 未実施項目や実現したい項目から、必要行動予定を記入

　「事業承継50のチェック」の未実施項目や、「できれば実現したい項目」があれば行動予定に記載する。

(16) 後継者、主要な役員への根回し

　「事業承継10か年カレンダー」を経営者とアドバイザーだけで作成した場合、まず後継者や主要な役員へ、根回しの面談を行う。

　この根回しの際に、各自の意見次第では「事業承継10か年カレンダー」の加筆修正が必要になることがある。その場合、できるだけ顧問やアドバイザーも同席して状況を把握し、最終的な文言にする。

(17) 後継者、同族役員幹部への面談

　再入力した「事業承継10か年カレンダー」がある程度まとまった時点で、他の役員への個別の面談を行い、主旨の説明と理解を求める。

　「事業承継10か年カレンダー」はとてもセンシティブな情報なので、すべてを明らかにする後継者や主要役員以外は、口頭で説明するだけにして、このシート自体は見せない。これを開示して説明するのは、絶対的な信頼を置く相手のみになる。

■財産相続、資金対策スケジュール

		2007 年 （現在）	2008 年	2009 年	2010 年	2011 年
資金対策	退職資金、相続税資金、大型設備投資等	※社長、専務、常務は付保済み		長男への付保（退職金準備）	次男への付保（退職金準備）	
相続税対策	遺言状、贈与、相続対策	※自社株評価額〇〇円／株	T 山社長の財産把握→相続税額の試算→遺言書作成	相続人を受取人とする生命保険へ加入	T 山社長の株式を長男へ贈与開始	
金融対策	金融機関対策、調達、借入、保証	※メインは△△銀行その他 2 行	格付けの把握		金利交渉	経営者保証をなくす交渉開始
その他承継に関する予定		● 事業承継 10 か年カレンダー作成 ● 取締役職務責任文書化	● 代表者勘定の中身と分散株状況を長男に説明（今後の対策スケジュール作成） ● 弟（現専務）に分社と本社経営関与の方針とルールを説明（子会社譲渡の方向で）		● 中期経営ビジョン作成（長男中心に） ● 行動規範・経営判断規定作成（社長と長男、次男で） ● 承継計画を金融機関へ報告（長男が専務就任時）	

※ 44 〜 45 ページの表（部分）再掲

2012 年	2013 年	2014 年	2015 年	2016 年	2017 年
		保険解約により専務、常務へ退職金支給		保険解約により社長へ退職金支給	
事業承継税制の適用検討	相続税再試算→遺言書の見直し			相続税再試算→遺言書の見直し	
承継後の古参幹部の処遇決定と本人に個別面談（社長）					

1

2

3

4-1

4-2

4-3

4-4

❸ 後継者時代における 経営幹部の役割と責任の文書化

　後継者時代の役員など経営幹部の仕事内容を文書化する。

　幹部の年俸の判断基準にしてもいいし、取締役の改選時の判断基準にしてもよいだろう。

　要は「よく見えない役員層の業務」を明文化し、部下から信頼される役員、後継者からも信頼される幹部を育成するために行う「見える化」である。

■取締役・経営幹部の役割責任

○基本業務では、「誰が最終責任者で、誰が直接実行者か」がわかるように書き出す。

○小規模企業の場合は役員だけでなく、幹部社員や一般社員の名前を入れて検討する。

○掲載人数は何名でもよいが、基本的に経営に影響があるメンバーを中心にセレクトする。

		会長	社長
基本業務	1	商工会議所や業界関係の付き合い	経営全般の判断、戦略の決定（役員会）
	2	不定期の工場チェック	支払等資金関係の決裁
	3	社外関係の行事やイベントへの出席	社内人事全般の最終承認
	4	社長依頼事項の実施	商品開発・改良の責任
	5	株主総会の議事	顧客政策の最終判断
	6	経営理念の冊子化・社史編纂	価格政策の最終判断
	7	主要顧客の表敬訪問	金融機関との付き合い
	8		外注管理、仕入管理と判断
	9		経営計画・年度方針の策定
	10		

（1）事業承継10か年カレンダーの事業ドメインに沿って、現経営者と後継者が経営幹部の基本的役割を議論する

●役員や幹部に確認してもらうため、1年後でも検証可能な表現にすることがポイントである。

●基本的な役割を決めたら、その詳細なアウトプットは「役員幹部研修」や「役員幹部会」などで、各自に記載してもらう。

●各自が記載した内容の妥当性について、現経営者、後継者そしてアドバイザーが確認、検討して修正し、完全版とする。

会社名（　　　　　　　　　　　　　　　）

後継者（常務）	社長夫人（専務）	他の役員（工場長）
営業全般の責任者	総務・経理、財務全般の責任者	生産管理全般の責任者
売掛回収の責任	資金繰り	工場全体のリスクマネジメント
新規顧客開拓の率先垂範	金融機関への直接交渉と窓口	試作品開発の責任者
新商品開発のプランづくりと提起	社内規定規則類の徹底	コストダウンの率先垂範
既存顧客の全般把握	４Ｓの責任者	残業平準化の管理と推進
経営計画・年度方針の策定（社長と一緒に）	女子社員の労務管理	多能工化の管理と推進
営業部門の人事労務政策の立案	社員の採用関係の窓口	個別原価管理の推進
営業部門の方針と戦略の策定		生産部門の方針と戦略の策定
中国戦略の窓口		

（2）「基本業務の具体的重点事項（個人別）」の記載

■基本業務の具体的重点事項（個人別）

○各基本業務の中で、「どんな事を行うか」を具体的な表現で記す。
○基本業務では、「誰が最終責任者で、誰が直接実行者か」がわかるように書き出す。
○前記の基本業務の数字と同じ枠に、その内容を記入する。

	会長（Y田一郎　）	社長（Y田太郎）	後継者（Y田常務）
1	任期まで商工会議所の理事として対外活動が中心	●役員会の招集と経営判断、最終稟議決裁 ●幹部以上の人事評価 ●新規事業の開発	●営業数字の責任 ●営業部門の人員配置、担当替え ●営業部門の人事評価 ●営業戦略立案
2	定期的に工場に入り、社員から情報収集。しかし、そこでは具体的な指示をせず、社長へフィードバック	経理からの支払決裁、資金決裁、購入等の決裁の最終㊞	●売掛チェック ●不良債権先への責任アプローチ ●要注意先への具体的な指示
3	組合、法人会、商工会議所の会合は会長業務	●昇給、昇進、賞罰の最終決定 ●Y田常務の後継者としての育成	●A地区の新規開拓ターゲット5社への試作販売の責任者 ●特注品新規のフォローアップ
4	社長から会長へ依頼されたことの実行	●新商品開発をトップ責任者として、直接関与する ●テストマーケティングと外部へのPR	●商品改良案の社長への提案 ●マーケットリサーチの企画とPDCA ●顧客アンケートの企画とPDCA ●開発会議でアイデア提案
5	株主総会の議事進行	●主要顧客への表敬訪問 ●主要顧客への販売計画チェック ●顧客の慶弔把握	●既存顧客の取引状況把握（定期的な営業同行） ●商品別・顧客別の販売結果と傾向の把握 ●各種分析でデータ把握と営業会議での指示
6	創業50年（2013年）までに社史と経営理念の冊子を作成（出版社の協力を得て）	●値上げ戦略の最終判断 ●コスト削減の指示	●今期から経営計画策定会議に参加し、収支計画を作成 ●収支結果を社長と一緒に毎月モニタリング
7	主要顧客の会長や高齢の経営者への表敬（年1回）	●銀行への月次決算説明 ●借入・金利交渉	●福岡営業所新設に向けた、顧客づくり、サービス体制づくり ●外部機関（マーケティング支援・販売委託先）の提携先探し ●営業課長のマネジメント状況のチェック
8		●購入品の内製化または中国、ベトナム製品の是非の判断でコストダウンの管理 ●外注先単価の最終決定 ●新規外注先の承認	●年度の営業方針、顧客ごとの営業方針、商品ごとの営業方針確立 ●四半期ごとの営業方針、アクションプランのモニタリングと指導 ●Web、SNS戦略の企画立案と指示
9		●経営計画書とアクションプランを作成し、PDCAが継続できる仕組みを会計事務所と一緒に作る ●各部門の方針とアクションプラン進捗状況のチェック（幹部会議主催）	●商社と中国展開の具体化促進 ●中国人材受け入れの準備作業
10			

　この事例を見せて、書き方やコミットメントのアウトプット内容をイメージしてもらう。

　「個人別　基本業務の具体的重点事項」の書き方が曖昧だと、アウトプットの検証ができないので、しっかり書き込むことを意識する。

社長夫人等同族（Y田専務）	他役付役員（Y川三郎工場長）
●Y田専務の後継者の田中課長に権限を段階的に移譲する指導をする ●通常の総務、経理業務	●生産計画立案 ●営業との製販調整 ●工程管理 ●作業員スキル管理
1年資金繰り、半年資金繰り、毎月資金繰り表の作成	●工場内労災対策の整備計画作成 ● KYT 活動責任者 ●カイゼン活動推進
●金融機関との交渉 ●借り換え、借入の業務 ●社長への借換、借入の提案	●新商品の開発の重点を置き、2012 年までには試作品を顧客に提案 ●製品改良試作品を随時、営業へ提案
●不足規程の整理と整備 ●社労士からの提案を受けて、規定作成 ●各種規定の徹底策	●購買先の随時の価格比較と交渉 ●手直し、ロスのデータ分析と指導 ●リードタイム短縮の仮説と検証 ●外注先へコスト指導
●社内美化活動の責任者 ● 4S 活動委員の指導と定期チェック	●残業時間の管理 ●作業平準化の工程ごと計画作成
●女子社員のセクハラ対策と福利厚生プランの作成と実施 ●女子社員のマナー教育、キャリア教育立案	●多能工化のスキルマップ作成 ●個人ごとスキルアップ計画の作成と PDCA
●少しでも人材採用ができる手段の取組と各種窓口 ●ホームページの採用ページの責任者	汎用品の標準原価を設定
	●年度の工場方針、工程ごとの方針や対策を決定 ●四半期ごとの方針、アクションプランのモニタリングと指導

（3）「役員幹部の役割と責任」文書化までのフロー

　実施内容の段階に沿って、現経営者・後継者、役員幹部、アドバイザーの業務を整理した。

■役員幹部・役割責任文書化までのフロー

	実施内容	経営者・後継者作業
1	「取締役・経営幹部の役割責任一覧表」の書き方と実例理解	コンサル、アドバイザーから事例の説明を受ける
2	「中小企業の取締役の行動指針と評価基準」を理解し、基本業務の参考にする	コンサル、アドバイザーから「中小企業取締役の評価基準」の説明を受ける
3	「取締役・経営幹部の役割責任一覧表」の基本業務をヒアリングしながら作成	コンサル、アドバイザーによるヒアリングで、各役員の基本業務を把握する
4		経営者から、役員ごとに「基本業務の主旨説明」をする
5	（役員幹部研修）で、「取締役・経営幹部の役割責任一覧表」から「個人別基本業務の具体的重点事項」を作成	
6		※所定時間内に終わらないケースが多いので、提出期限
7	各自が提出した「個人別基本業務の具体的重点事項」の添削	期限までに各役員の「個人別基本業務の具体的重点事項」記入データを回収し、アドバイザーに送信
8	再提出された「個人別基本業務の具体的重点事項」を見て、個人面談の実施	役員幹部のコミットメントである「個人別基本業務の実施
9	役員改選期、または作成から1年後、モニタリング面談実施	役員幹部のコミットメントである「個人別基本業務の営者面談」を実施

役員幹部作業	アドバイザー作業
	事例の解説の動画（経営承継戦略アドバイザー検定）を事前に学習
	経営承継戦略アドバイザー検定の動画で事前に学習
	経営者、後継者の意見からフォームに入力
役員幹部は、「基本業務の指示」を受けて、「個人別基本業務の具体的重点事項」を作成する（各自 Excel シートなどのフォームに記載）	
アドバイザーの指摘を受けて、再度入力・書き込み作業を実施	60 〜 90 分後に記入状況を見て、アドバイザーの PC にデータを集約。それをプロジェクター投影して、個人ごとに「アウトプットが具体的で、検証可能な内容か」をヒアリングしながら、アドバイス（集約した各自の Excel シートに赤文字で書き込む）

を決めて宿題にする。10 日以内くらいが妥当

	「個人別基本業務の具体的重点事項」の中身をチェックして、再度「アウトプットが具体的で、検証可能な内容か」のヒントを赤文字で追記して、再提出を依頼
具体的重点事項」の内容を本人から直接聞く面談を	（可能なら）アドバイザーはオブザーバーとして参加
具体的重点事項」の進捗状況や成果を確認する「経	（可能なら）アドバイザーはオブザーバーとして参加

（4）「取締役行動指針・評価基準」の説明

　取締役の仕事や責任を決める際には、現経営者、後継者に「取締役の行動指針・評価基準」を見せて説明する。

（5）「役員幹部の役割と責任」文書化の注意点

　一般の中小企業では「取締役の職務と責任」について改めて学習する機会は多くない。
　しかも、「管理や調整」「マネジメント」「統括推進」など抽象的表現が頻出するため、具体的に何をどうしたいのか、検証しづらいケースがよくある。
　その場合は、

「1年後、何がどうよくなったのか」
「何を見れば、その成果がわかるのか」
「数値目標としてはどうなのか」
「どんな《見える化》したツールを作るのか」

など、具体的な表現を使ってヒアリングすることが肝要である。

　また、担当部門の中で、役員としての「特別任務項目」を必ず聞き出す。これは、「その役員に与えられた特別なミッションと業務」という意味で、この「特務事項」は自らの知恵と行動で、直接成果を出す項目である。
　部下に行動させ、自分は管理や調整を行うだけで、「自分の成果」という役員は少なくないが、そういうことを防止し、役員の生産性を叩き出すために必須の作業である。管理部門の役員で直接生産性が少ない場合でも、特務事項は必ず存在する。

取締役の行動指針と評価基準

分類	No.	行動指針・評価基準
基本姿勢	1	部下から人格者として信頼される。畏敬の念を持たれる
	2	他部門、他取締役と積極的な連携を図る（部門間の課題解決の仲裁機能を持つ）
	3	自部門優先主義でなく、全社的な視点で取り組む
	4	謙虚さ、誠実さ、会社、経営者への忠誠心は他幹部の模範となる
	5	困難な課題、緊急な出来事に対しては経営者の方針のもと、陣頭指揮をとる
	6	24時間、365日の法人中心の思想を持つ
	7	健康管理は最大のノルマと心得る
	8	物事の是非は数値に置き換えて判断する
	9	経営者への継続的な報連相とコミュニケーションが信頼の基本
	10	経営者の立場で考える。給与を払う側の立場で考える
	11	取締役の処遇は、全社業績、部門業績、個人の特務事項の達成度によって決定される
業績責任	1	新規戦略や現状打開策の戦略を立案し、陣頭指揮をとる（部下に任せるだけでなく、特務事項として直接成果を出す）
	2	担当部門の明確かつ具体的なビジョンと業績目標を示す
	3	2年単位でコミットメントを出す
	4	経営側の目標と現場のギャップを埋める対策を入れた事業計画、アクションプランを策定する
	5	幹部会議での決定事項は確実に遵守させるようチェックとフォローをする

分類	No.	行動指針・評価基準
人材育成	1	担当部門の後継者を育成する
	2	自身が急に3か月間入院しても、部門が回るような仕組みと役割分担を徹底する
	3	部下が自ら考え、意見を出せるように指導とサポートをする
	4	部下のできない理由を放置せず、対策を一緒に導き出す
評価・判断	1	部下の行動と事実を冷静に見て、公平に評価する
	2	事実に基づいた適切な判断を下す
	3	部門の中で、一番顧客の立場で判断する
	4	従業員の基本動作の乱れは、ミスやトラブルの始まりであり、見逃さず指導する
緊急対処	1	緊急事態、重大アクシデントには、担当幹部だけに任せず、事態の収拾と事後対策まで、陣頭指揮をとる
	2	社員、顧客の冠婚葬祭では率先して行動する
	3	重要クレームは、まず取締役が顧客先に即出向き、対処法を作成し、陣頭指揮をとる
	4	工場や事務所での緊急事態（天災、火事、盗難、破壊、破損、人身事故等）には24時間体制で会社で陣頭指揮をとる
リスク管理	1	リスクの予兆、小さな変化に敏感になる
	2	部門のコンプライアンス違反は見逃さない
	3	善管注意義務、利益相反、背任を理解する
	4	定期的にリスク、コンプライアンスの監査または研修を行う

❹現経営者・後継者の信頼を築く職務権限移譲計画

事業承継において、職務権限移譲は重要な課題である。しかし、言葉だけの職務権限だけでは、後々、不平不満やトラブルの温床になりかねない。「名ばかり社長」「権限なき承継」「過剰な院政」は、実務面も含めた職務権限の移譲を明確にしないことから起こる。

期限も含めた具体的な職務・実務の移譲計画を明文化していくことは、「事業承継」の多種多様な業務のなかでも重要な作業である。

（1）「会長・社長の権限移譲項目・業務責任整理一覧表」を作成

多くの経営者は、毎日、自分がどんな業務や判断、意思決定をしているのか、完璧には把握できていない。「社長、今どんな決裁や判断業務をしていますか？」と問いかけて即答できる人は少数派なのである。

そこで、現経営者のヒアリングをしながら、「日・週・月・スポットの実施事項、判断事項、決裁事項」をシートに入力していく。

■会長・社長の権限移譲項目・業務責任整理 一覧表

○デイリー、ウイークリー、マンスリーの各業務は、具体的な表現にする。
○後継者に移譲する業務では、「どこまでやるべきか達成基準」まで記載しておくと後継者はイメージしやすい。
○「後継者に権限を渡す期限」はおよその予定年を記入する。

		会長・社長のデイリー決裁・判断業務	どこを注意して決裁判断するか（重点ポイント）	後継者に権限を渡す期限、渡さない場合は×		会長・社長のウイークリー決裁・判断業務
（会長・社長でなくてもよい業務・作業名・実務業務名）一般業務	1	朝のトイレ掃除		自分の気持ちでしているから無理には言わない		工程表チェック
	2	朝礼コメント	時事や競合、知り合いからの情報と自社の学習を狙う	全社朝礼は当面行う		月曜幹部会参加
	3	工場見回り（午前か午後、行ける時に）	社員への声かけ、表情確認、工程管理ボードのチェック	会長になっても行う	月	営業報告（営業部長から）
	4	顧客、外部機関からの電話応対		商工会議所以外は徐々に譲る		製造報告（製造部長から）
	5	顧客、業者の慶弔事の決裁	弔事は優先判断。付き合いランクでより上位者が行くよう指示	当面実施		総務・経理報告（総務部長から）
	6				火	水曜日のノー残業デー可能か確認
	7					
	8				水	
（指示・管理・部門間調整・会議等）マネジメント業務	1	稟議書決裁	稟議書の購入理由とそれまでの努力を見てから判断	営業稟議は後継者に2020年に渡す		
	2	出張申請、接待、旅費交通費決裁	旅費基準、接待交際基準通りかチェック。超える場合の理由に納得性があるか	営業関係は後継者に2020年に渡す		
	3	支払決裁	支払予定表に沿っているか。仕入・外注費と売上の関連を意識する	工場関連支払決裁は2023年にはゆずる	木	
	4	会議議事録確認	前日行われた各種会議の決定事項が具体的な確認	2020年から後継者がチェックする		
	5	営業日報チェック	顧客先での提案内容と次回訪問時の提供物をチェック	2020年から後継者がチェックする		翌週の生産状況チェック
	6	クレーム伝票他チェック	クレーム内容と再発防止策の妥当性確認	2023年から後継者がチェックする	金	
（改善・企画立案・計画）創造的業務	1	営業日報チェックから顧客の要望と製品開発のアイデア	日報チェック時に開発会議の指示事項をメモ	当面実施		
	2	工場巡回から得た情報をもとに、人材育成、見える化について感じたことを記録する	メモを元に経営会議や担当役員と協議	当面実施		
	3	不定期の顧客訪問や接待で得た顧客の声を把握	開発会議、営業会議へフィードバック	当面実施	土	
	4	営業、生産からの課題に対しての随時の決裁	基本は各部長に対処策を出させてから、決定	当面実施		

記入日	
会社名	
役職・氏名	

どこを注意して決裁判断するか（重点ポイント）	後継者に権限を渡す期限、渡さない場合は×		会長・社長のマンスリー決裁・判断業務	どこを注意して決裁判断するか（重点ポイント）	後継者に権限を渡す期限、渡さない場合は×
当初予定からずれているものを特にチェックし、理由を工場長に確認	2023年から後継者が行う	月初	1日経営会議	各部の前月の結果と今月の予定、課題確認	司会は後継者
先週の行動結果報告と会議決定事項の確認	2020年から司会は後継者		3日生産販売会議参加	前月の結果と今月の生産予定、営業との連携状況	司会は後継者。当面は自分で実施
日報からの気になる点の確認	当面自分で実施				
現場改善、社員管理、開発状況と現場巡回からの確認	当面自分で実施	中旬	15日開発会議参加	開発改良案件ごとの工程表チェックと、できていない場合は社長に指示	当面は自分で実施
金融機関、支払、勤怠管理から確認	当面自分で実施				
各部長へ	当面自分で実施				
		下旬から月末	23日給与支払い決裁	残業時間代とチェック	2023年から後継者が実施
			25日支払決済集中日	各部門からコメント内容を確認しながら決裁	2023年から後継者が実施

どこを注意して決裁判断するか（重点ポイント）	後継者に権限を渡す期限、渡さない場合は×		会長・社長のスポット決裁・判断業務	どこを注意して決裁判断するか（重点ポイント）	後継者に渡す期限、渡さない場合は×
		1	2月に決算確定	税理士事務所と協議	当面は自分で実施
		2	1月来期経営計画書作成指示	各部門と調整開始、前期反省と全社の数値目標設定	自分と後継者と経営顧問
工程表チェックと問題箇所の確認	2023年から後継者が行う	3	4月経営計画発表会実施	各部門の責任者が具体策と収支計画を発表	司会は後継者
		4	6月夏期賞与決定、7月支給	賞与は経営計画と実績から判断。人事考課結果をチェック	自分と後継者と総務部長
		5	4月昇給決定	既定通り以上に昇給が必要な場合の選定と金額決定	自分と後継者と総務部長
		6	8月リスクアセスメント会議結果	リスクアセスメントシートから、統括安全衛生責任者の対策をチェック	自分と後継者と総務部長
		7	11月冬期賞与決定、12月支給	賞与は経営計画と実績から判断。人事考課結果をチェック	自分と後継者と総務部長
		8			

(2)「権限移譲項目・業務責任」の聞き出し方のポイント

　経営者に「この用紙に記入して提出してください」と言って渡したとしても、しっかり書き込んでくれる人は少ない。それよりも、アドバイザーがヒアリングしながら入力・記入していくほうがよいだろう。

　聞き方としては以下のポイントがある。

① 毎日の仕事を聞き出す場合

- ●朝出社してから夕方までに社長が実施していることで、「社長でなくてもよいが、あえて社長が実施している作業や業務」は何がありますか？
- ●毎日ほぼルーチンでしている「マネジメント業務（決裁・チェック・指示・管理・部門間調整・会議等）」はどんなことがありますか？
- ●毎日、何らかの創造的業務（将来への仕掛け戦略・従業員の動向管理・新規開発・マーケティング・外部機関調整など）はどんなことがありますか？

② 毎週の仕事を聞き出す場合

- ●毎日の業務とは別に週の初めの月曜日に行っている、マネジメント業務、決裁業務、会議等での指示業務、創造的業務は何がありますか？
- ●毎日の業務とは別に特に○○曜日に行っている、マネジメント業務、決裁業務、会議等での指示業務、創造的業務は何がありますか？
- ●週末や週中に行っている、マネジメント業務、決裁業務、会議等での指示業務、創造的業務は何がありますか？

③ 毎月のルーチン業務を聞き出す場合

- ●毎月月初、1日とか第1○曜日に行っている、マネジメント業務、決裁業務、会議等での指示業務、創造的業務は何がありますか？
- ●毎月中旬、または下旬の何日かにしている、マネジメント業務、決裁業務、会議等での指示業務、創造的業務には何がありますか？

●毎月末に行っている、マネジメント業務、決裁業務、会議等での指示業務、創造的業務は何がありますか？

④ スポットまたは不定期の仕事を聞き出す場合

●事業年度の初めや終わりに行っているマネジメント業務、決裁業務、会議等での指示業務、創造的業務には何がありますか？
●昇給前、賞与支給前に行っているマネジメント業務、決裁業務、会議等での指示業務、創造的業務には何がありますか？
●年頭に行っているマネジメント業務、決裁業務、会議等での指示業務、創造的業務には何がありますか？
●業界団体や外部機関との関係で行っているマネジメント業務、決裁業務、会議等での指示業務、創造的業務には何がありますか？

(3)「職務権限移譲計画整理表」に書き出す

　現経営者への「権限移譲項目・業務責任」のヒアリングで入力が済んだら、その業務分担を整理するとともに（82〜83ページ）、「職務権限移譲計画」において「①現社長が現在　直接の権限で実施していること」と「②大まかな内容」をなど聞き出して、入力していく（84〜85ページ参照）。

●事例の「職務権限移譲計画」を解説し、まずイメージを持ってもらう。
●ヒアリングしながら、プロジェクターやモニターに投影して、パソコンへの入力状況を見ながら、意見をもらう。
●「大まかな内容」を聞きながら、「その業務のポイントとなる箇所は何か？」「後継者に留意してもらいたい点は何か？」を聞き、ポイントと感じたら、それも入力する。

(4) 職務権限移譲計画の業務分担

これらの進め方の業務フローをまとめると以下の一覧表になる。現経営者や後継者、アドバイザーの作業を確認できる。

■職務権限移譲計画作成のための各役割分担

	実施内容	経営者・後継者作業	アドバイザー作業
1	職務権限移譲計画の事例説明		フォームの説明、記載事例の説明を行い、「職務権限移譲計画」の意味を理解してもらう
2	現経営者の日週月スポットの仕事分析	日々の仕事を思い返す「会長・社長の権限移譲項目・業務責任整理一覧表」を事前に記載	「会長・社長の権限移譲項目・業務責任整理一覧表」に沿って、いろいろなヒントや事例を出しながら、日週月スポットの仕事や判断、作業を聞き出し、フォームに入力（2～3時間で記入する）
3	「現経営者が現在直接の権限で実施していること」をマーキング	アドバイザーの質問に沿って回答する	「会長・社長の権限移譲項目・業務責任整理一覧表」から、直接の権限で指揮、指示命令、管理、チェックしている項目に色づけ
4	「職務権限委譲計画一覧整理表」に転記	●アドバイザーの質問に沿って回答する ●できれば、ここから後継者も一緒に参加するとよい	色づけされた「会長・社長の権限移譲項目・業務責任整理一覧表」を「職務権限委譲計画一覧整理表」に転記。その時「いつも注意していること」「見逃さないこと」を聞き出す
5	「職務権限委譲計画一覧整理表」に「大まかな内容」や「注意項目・見逃さない項目」を転記		「職務権限委譲計画一覧整理表」に「大まかな内容」や「注意項目・見逃さない項目」を書き込む（2～3時間）

	実施内容	経営者・後継者作業	アドバイザー作業
6	「職務権限委譲計画一覧整理表」の年度ごと移譲予定の立案	● アドバイザーの質問に沿って回答する ● できれば、ここから後継者も一緒に参加するとよい	現経営者の意見、後継者の意見を聞きながら、各職務権限項目を何年度から移譲するかを議論し、色分けされた移譲予定（Ｃは当面経営者、Ｂは後継者と一緒に、Ａは即後継者へ移譲）を記載する
7	「職務権限委譲計画一覧整理表」の年度ごと移譲を再度確認	アドバイザーの確認を聞きながら、修正や変更があれば、そこで議論する	入力した「「職務権限委譲計画一覧整理表」を現経営者、後継者に説明しながら、修正箇所がないかチェックする
8	確認がとれたら、後継者の日週月スポットの「業務責任整理一覧表」を記入依頼	後継者の日週月スポットの「業務責任整理一覧表」を記入し、現経営者、アドバイザーに提出	後継者に、現経営者と一緒に作成した仕事分析フォームに、後継者用を書き込むよう依頼

1

2

3

4-1

4-2

4-3

4-4

■現社長（会長）からの職務権限の移譲項目

① 現社長が今、どういう業務を直接行っているか、直接の権限として決裁・決定しているかを整理する。
② 各業務の大まかな内容を表現する（後継者に理解させるため）。
③ 各職務権限から、「この1年間で業務移管、責任移管」したい項目を、C、B、Aの3段階で決める。
④ 　　　〃　　　　「今後3年以内で業務移管、責任移管」したい項目を、C、B、Aの3段階で決める。
⑤ ③④の検討段階では、現社長と後継者またはアドバイザーや会計事務所を交えて行うとスムーズにいく。

当面自分がやらねば問題になる（ややこしくなる）
少しは、後継者に経験を積ませてもよい（一緒にやるほうがよい）
後継者に任せたほうがよい

	現社長が直接決裁して実施していること	おおまかな内容
1	商工会議所や業界関係の付き合い	商工会理事や組合役員
2	社外関係の行事やイベントへの出席	取引先の慶弔やイベント出席
3	株主総会の議事	株主総会関連
4	実印の管理	
5	銀行㊞の管理	
6	支払等資金関係の決裁	稟議の決裁・支払決裁
7	就業規則や諸規則の改正の決裁	規則変更や諸規則追加の決裁
8	社員の給与賞与決定	昇給・賞与の決定
9	幹部の給与賞与決定	昇給・賞与の決定
10	役員の給与賞与決定	昇給・賞与の決定
11	社員の人事異動の最終承認	昇格、昇進、異動の決定
12	幹部の人事異動の最終承認	昇格、昇進、異動の決定
13	社員採用の最終承認	採用の最終決定や面接
14	商品開発・改良の責任	新商品戦略の決定
15	新企画や顧客サービスの決定	新企画や顧客サービスの決定
16	仕様変更、デザイン変更	商品の最終決定
17	顧客政策の最終判断	顧客別の取引方針の判断
18	価格政策の最終判断	価格の決定、損切りの決定
19	金融機関との付き合い	決算書の報告や交際
20	金融機関からの融資と資金移動	自己資金と融資の判断や担保の判断
21	決算の決定	税理士との打ち合わせ、決算の決定
22	外注管理、仕入管理と判断	外注先毎の方針決定
23	経営計画・年度方針の方針策定	数値計画と行動計画の決定
24	営業全般の責任者	取引先への対応
25	旅費交通、出張の稟議決裁	出張の判断
26	接待交際費の稟議決裁	交際の判断
27	売掛回収の責任	売掛金のチェックや不良債権対策
28	新規顧客開拓の率先垂範	新規開拓の実践
29	営業部門の人事労務政策の立案	営業の担当替えや配置の決定
30	生産管理全般の責任者	設備投資の決定
31	工場全体のリスクマネジメント	労災、リスマネの対応
32	参加会議	経営会議　幹部会議
33	参加会議	営業会議、製販会議

会社名　(	)
作成者　(	)

C	
B	
A	

今年中に移譲	3 年以内に移譲	5 年以内に移譲	10 年以内に移譲
C	B		
B	A		
C	B		
C	B		
B	A		
B	A		
B	A		
A	A		
B	A		
C	B		
A	A		
C	A		
A	A		
A	A		
A	A		
B	A		
B	A		
B	A		
B	A		
B	A		
C	B		
A	A		
B	A		
A	A		
A	A		
A	A		
A	A		
A	A		
A	A		
A	A		
B	A		
C	B		
A	A		

（5）新たな職務権限が出てきた場合

　前ページの表は主にルーチン業務であるが、先に作成した「事業承継 10 か年カレンダー」に入っている戦略的な活動や人事配置から、新たな職務権限が増える可能性がある。

　その場合は、戦略的な活動も含めて、あとから追記しておく。

（6）「経営者の職務権限移譲計画整理表」ができたら、後継者を交えて確定する

- ●現経営者とアドバイザーで上記の「職務権限移譲計画整理表」ができたら、後継者を交えて、確認の場を持つ。
- ●現経営者の思いとは違うことを後継者から提案される場合もあるので、その都度現経営者に確認し、再入力して完成させる。

---

❺ 価値観承継の基本
── 経営判断基準

（1）経営判断基準づくりの効果と必要性

　経営判断基準とは、現経営者の過去の失敗や成功から、その本質を後継者に伝える「価値観承継」の一つである。

　多くの後継者は、自分が知らない社歴を学ぶ機会があまりない。この機会に「企業の沿革と歴史、その背景」を知ることは最高の後継者教育になる。

　経営判断基準は、作成後に手帳やカードにして常に持ち歩くことで、経営会議などで判断が求められたときに、これを基準に議論することができる。

　さらに言えば、これを作成したのちにもし経営者が逝去された場合には、「経営の遺言」として大事に活かすべきものである。

（2）経営判断基準づくりの工程

　経営判断基準づくりについても、職務権限委譲計画と同様に、現経営者・後継者とアドバイザーの作業を区分して整理する。

■事業承継における経営判断基準づくり　業務分担

	実施内容	経営者・後継者の作業	アドバイザー作業
1	● 経営判断基準の事例解説 ● 経営判断基準カテゴリー解説	現経営者・後継者はアドバイザーからの事例解説を受講	事例解説、カテゴリー解説のため「経営戦略アドバイザー検定」動画をしっかり視聴し、自分の言葉で解説
2	会社の沿革を大きく分類分け	これまでの社歴を大きく3つくらいに分類する【創業～10年】【成長期】【変革期】など	● 分類分けしたフォームを用意 ● 先に分類分けをしておくことで、長い社歴の企業の場合、複数回に分けてヒアリングができる
3	最初の分類（創業期）の会社沿革を聞きながら、経営判断基準の入力	アドバイザーの質問やヒントから、経営者は創業からこれまでの重要な出来事を語る	● 歴史の1コマ1コマを聞きながら、入力 ● 時々の判断や学んだ本質は何かを深掘りヒアリングしながら、判断基準欄に入力
4	最初の分類（創業期）のヒアリング入力が終わった段階で確認	プロジェクターやモニター投影を見て、経営判断基準の言葉や内容に加筆修正はないか、意見を言う	プロジェクターやモニター投影しながら、経営者の加筆修正意見を文字入力する
5	最初の分類（創業期）のヒアリング入力が終わった段階で確認	〃	〃
6	途中経過時に役員幹部に見せて、役員幹部の意見聴取	役員幹部に経営者から、これまでの経緯を説明し、追加項目や加筆修正箇所の意見をもらう（後日アンケートでも可）	
7	最終文言作成	役員幹部の意見も参考に、最終的な文言調整を行う	文言調整はアドバイザーが聞きながら修正入力する
8	小冊子・カード化し、役員幹部は「経営会議」には持参を義務化	小冊子またはカードにして、役員幹部に配布。今後経営会議には必ず持参するよう指示する	

（3）経営判断基準の例 ── 製造業

　経営判断基準とはどんなものか、現経営者・後継者にわかりやすく説明するには、「事例解説」が一番である。

　本事例では、下記の「製造業」の例と次項の「飲食業」の例を示す。

　「製造業の行動指針と経営判断基準」は中堅規模の企業なので、経営判断基準も多岐にわたっている。

　全部でなくても数種類のカテゴリーと内容を説明するだけでも、理解されやすい（事実、このデータだけほしいという経営者が何人もいた）。現経営者の「生きた教訓」とはまさにこうした経営判断基準なのである。

　以下の例を参考にするとイメージが湧くだろう。ここまで詳細でなくてもいいと思うが、それぞれの会社の事業内容によっても違ってくる。

株式会社〇〇〇〇工業

経営判断基準（2017年4月作成）

1　行動規範・経営判断基準の基本

　①現場・現実・現品での判断か

　②大義ある判断か

　③メリットばかりのうまい話ではないか

　④楽をして儲けようとしている判断ではないか

　⑤誰かに一方的に不利や無理強いをしていることはないか

　⑥あてにできない不確定要素を頼っての判断ではないか

　⑦目先の利益より長期的な利益を考えての判断か

　⑧ごまかしや姑息な手段で、あとから言い訳するようなことはないか

　⑨感情や風評ではなく、データに裏付けされているか

　⑩焦りや疲れがあるときに、冷静さが欠落した判断ではないか

⑪「誰が言ったか」ではなく「何を言ったか」で判断しているか

⑫情に流された判断ではないか

⑬フェアプレーか、社会通念としておかしいことはないか

2　経営戦略に関する判断基準

（1）出資・資金投入の判断

①出資する場合、利殖目的が大義を上回る場合、是としない

②本業とのシナジー効果や大義がある場合のみ出資

③自己資本比率20％以上をキープしたうえで、財務への影響がない範囲で行う

④自己資本ではなく、融資等では投資はしない

（2）新規事業参入時

①自社がその新規事業に取り組む大義があるか（自社でなければならない理由が明確か）

②本業とのシナジー効果があるか

③本業とのシナジー効果がない事業は、本体に影響しない別資本

④3か年で収支トントンの予測がつかない事業には参入しない

⑤取り組むと判断した新規事業は、トップクラスの人材を責任者に据えているか

（3）設備投資の判断

①その投資で「生産性アップでキャッシュを生むかどうか」が基準

②キャッシュを生まない投資（本社などのコストセンター）は「より慎重に、より軽く」が基本

③成熟ビジネスで競争が激しい場合、過少投資のほうがリスクが小さい

④設備投資が不振の場合、転用、転売できないことを考慮すると、投資額は抑え目になる

⑤戦略的投資とは、中期内（3〜5年）に償却可能な利益を生む投資である

⑥明確なあてがなく、一か八かの賭けに近い投資はダメ

⑦回収計画の具体性に乏しい設備投資はしない

⑧人手不足の折、人がやりたがらない作業、環境の悪い作業は機械に切り替える

⑨設備投資のメリット、デメリットを明確に稟議に書く

（4）新製品に関する判断

①新製品はテストマーケティングで具体的なニーズがあるもののみ開発

②二番煎じまでOKだが、三番煎じはNG

③付加価値を上げてもコストがあまり上がらないものに限定（コストが高いものは結果的に売れない）

④徹底したコストダウンで他社より10％以上低価格にできる見込みがない製品はやらない

（5）人材採用の判断

①適正労働分配率を超えた場合の採用は慎重に行う

②増員によって新たな付加価値を生むのが原則（既存社員が楽になるだけならNG）

③新卒採用は、学歴より人柄で採用（役員の過半数賛成のみ）

④大卒は採用前に会食するなどして、素行と性質を見極める

⑤中途は、専門性があり、即戦力となる人材以外採用しない（長期で育てる場合は30歳まで）

（6）人材評価の判断

①経歴、経験、言葉や態度にまどわされない（行動結果で良否を判断）

②しっかり指導したうえでの失敗の許容範囲は2回まで。3回目の失敗は見込みなし

③まったく時間がとれない場合以外、1次評価、2次評価はしない。直属上司とその上の管理者が同時に協議しながら、その場で評価する

④同期入社・同年齢でも能力があり、貢献している者は優遇。横並びでの処遇改善はしない（彼も上げたら、あいつも上げないと、というのはNG。ただし、優遇しない社員には将来に向けてしっかり動機づけする）

（7）役員・管理者登用の判断

①嘘をつかない・正直な性格以外 NG（能力があっても、これは絶対条件）

②疑わしい行動、妙な噂がある場合、本人に質して事実を言わない場合、登用不可

③役員登用時1期2年の成果と貢献を明確に公言させる

④自己中心的な性格の場合、多くの部下がいる部門の管理者にはしない

（8）役員・管理者の降格の判断

①不正行為は疑わしい場合も含めて、たとえ身内であってもケジメをつける

②経営判断基準を無視して、屋台骨を揺るがす失敗をした場合、役員なら解任（部門長は降格）

③もし、その役員幹部に対して従業員にもわかるケジメをつけなかったら、従業員がどう思うかを考えて判断する（仮にその役員幹部のスキルが必要でも、組織風土を優先する）

（9）資金対策に関する判断

①資金計画は6か月先行管理で行う

②金融機関には、常に競わせる環境にする（仮に条件がよくても、過度な比重を上げない、1行比重は50％以内）

③余剰資金があっても、原則資金運用は禁止（浮利を追わず）

④営業が債権回収に積極的でなく、債権回収が極めて困難な場合（督促・残高照合3回）、営業部門長と相談の上、管理部門が是非を判断する（管理部門が不良債権と判断した場合、営業部門が責任をとる）

⑤どんなに親しい顧客や業者からでも、キャッシュバックのような通常取引とは異なる申し出は原則断る

⑥顧客、業者や社員個人への法人からの貸付は原則行わないが、どうしても必要な場合は担保設定の上、与信限度枠内で行う。役員会で承認が必要（100万円以上は担保・保証の約定）

（10）拠点展開の判断

①原則、出店候補地域の業績が固定費の70％の粗利益が見込めると判断

した場合は可

②顧客の強い要請と、ある程度の仕事確保の保証がある場合可

③明確な見込みなく、移動の利便性や出張負担が大きいからとの理由での拠点展開はしない（その場合駐在員の住居のみ異動）

④新店の責任者は、エース級を異動させる（エースが出せない場合、出店自体を再検討する）

⑤顧客の軒先を借りる場合は、大きく展開したときにそれが足かせになる可能性がないか確認し、少しでもその可能性があるなら、たとえ好条件でも自前の拠点を持つ

⑥飛び飛び出店はしない（ドミナント、拠点間移動距離が短い場合に限る）

（11）子会社設立時の判断

①本体の中でビジネスをすると弊害があり、本体の規制がないほうが成長を見込める場合は子会社設立を許可

②定年社員やリストラの受け皿として子会社を使う場合でも、子会社が本体以外からも生産性が上げられる可能性がなければ作らない

③子会社は本体の役付役員以上が代表権を持つ（子会社社長は、本体の専務以上、子会社役員は本体の部長級以上）

④本体の社員を子会社の実質的な責任者にする場合、出向3年後に転籍を条件に、骨をうずめる覚悟で行ってもらう

⑤子会社への出向から3年経過したら、業績や貢献度で本体の同列・同期の社員より上げても、下げてもよい

⑥子会社を作るとき、免税、交際費枠、節税等の税制メリットのみを考えない。あくまでも業務の必然性や業績効果を優先し、市場主義で判断する

（12）組織変更時の判断

①その組織はより顧客に近い・顧客にメリットがあるかで判断する

②組織改編で、屋上屋は作らない。行動と意思決定が速いかどうかで判断する

③無意味な複雑な階層は作らない（責任が曖昧にならないように明文化）

④管理責任者は1名、補佐が1名、その上の役員や統括はサポーターとなり、

職務権限を移譲する

⑤兼務は最小限に留める。リーダーが兼務の場合、サブは必ず専任化する

（13）業務提携の判断

①シナジー効果が確実に見込めるかどうかで判断する。シナジー効果が早期に見込めない場合は見送る

②明確な契約書が交わせるかどうか、契約書には弁護士が立てられるかどうかで判断する

③契約時、物別れになった場合の条項を入れる話ができるかどうかで判断する（曖昧なスタートは原則NG。タイミングを逸してもNG）

④簡単な業務提携でも役員会の決裁が必要

（14）買収・出資時の判断

①買収案件を検討する場合、必ずデューデリジェンスができる機関を間に入れる

②買収資金は多めに見積もり、自己資本比率が20％以下にならない範囲で資金調達する

③事業としてシナジーが見込めるか（具体的に業績に貢献できるか）で判断する

④社風や企業文化が合わないと判断したら、交渉しない（それがわかるまで業務提携の範囲）

⑤相手先の従業員から協力がもらえるかどうかも判断材料とする

（15）売却・撤退縮小時の判断

①3期連続赤字で、見通しが立たない場合、それまでいかに投資しようとも撤退・縮小する

②売却する場合、少しでも利益可能性が残っている状態で決断する（赤字が常態化した場合、売りにくい）

③再生に経営者またはエースの役員が担当して、2年間目途がたたないなら撤退する

④仮に今利益が出ていても、将来的に「脅威」が増し、低迷が確実なら、早い段階で売却または分社化する

（16）リストラ不可避時の判断

①リストラ時でも、将来キャッシュを生む戦略の投資や資産は最後まで手放さない

②再生後の青写真がないリストラは潰れるだけ

③人員削減は原則禁止（全員で痛みを分け合う。立場が上の人間ほど痛みを受ける）

④人員削減リストラ不可避の状況では、たとえ苦しくても1回ですべての膿を出し切る（逐次リストラは禁止）

⑤早め早めに決断する。見切り千両で良し。損切は経営者が決断する

（17）誹謗中傷、ネット書き込み、メディア発表時の判断

①粛々と事実を積み上げる（他人の陽動作戦に乗らない）

②専門家に相談しても、小手先のテクニックだけで解決しようとしない（誠心誠意で対処する）

③トラブルの原因を明確にし、自社の反省点は正直に陳謝する

④原則、隠さない、迅速に公開する、逐次出さない（最初から全部出す）

（18）半期経過後、通期で赤字が見えたときの判断

①経営全般、各部門の管理可能な経費の大幅な抑制策をとる

②目先の業績のために、来期業績に直結する仕掛け・投資の手抜きはしない

③わかった段階で3か年でトータル黒字になる中期経営計画を緻密に作成する

（19）増資・外部株主を入れるときの判断

①社長は51％以上を確保する（一族内で対立する可能性が否定できないなら、社長個人が51％以上になるように買い越す）

②外部株主を入れるときは、合算で10％にならない範囲にする

2 営業に関する判断基準

(1) 顧客との価格交渉時の判断

①原則、無抵抗に値下げを受諾しない（必ず先方も渋々了承する条件とセットで交渉する）

②顧客の値下げ要求は、担当者がその場で是非につながる言動はしない

③顧客に値下げ要求の背景を詳細に聞き出す

④値下げ要求の場合、顧客にどんな覚悟があるかを聞き出す（どんな条件ならのむか）

(2) 新規取引先の判断

①先方から来た新規案件（紹介も含む）は信用調査が前提（情報のない取引はどんなに条件がよくても禁止）

②新規を取るために、既存の大事な顧客以上の条件を出すのは原則禁止

(3) 受注拒否の判断

①原則、見積段階で粗利が15％以内の単発物件は受注しない

②契約までの当初予定と大きく違う仕様変更や条件変更があった場合、必ず仕切り直し、見積の再提出を行う。それで所定の粗利がない場合は断る（ダラダラと相手の要求をのまない）

③上得意先の所定粗利率に達しない案件は社長判断（勝手に判断しない）

④条件が厳しい場合、相手に期待感を持たせる言動は禁止

(4) 赤字受注時の判断

①赤字受注は、原則社長判断

②赤字受注での受け入れ条件は、LTV（顧客生涯価値）があるかどうか（単発の赤字受注はNG）

③同じ顧客からの連続した赤字受注は受けない

(5) クレーム発生時の判断

①顧客の機会損失を最大限防ぐように対応する

②言い訳しない

③先方が怒って会わないと言っても、責任者は謝罪と今後の対策の面談の約束をまずとるようにする

(6) アフターサービスの判断

①アフターサービスは企業の生命線だと理解する

②アフターサービスでの生産性や利益を事業計画に組み入れる

③アフターサービス専任者を必ず置く（兼務させない）

(7) 売上計上での判断

①売上目標に未達の場合でも、架空売上、売上後の翌月赤伝、契約書・受注書のない売上は厳禁

②売上の帳尻を合わせるために、顧客に無理やり売り込むことは禁止

(8) 顧客が災害被害時の判断

①担当者、役員が必ず見舞いに行く。他の業者より早く、一番に行く

②見舞金はできるだけ高額にする

(9) 接待交際時の判断

①一次会で満足を提供する

②二次会が必要な場合、顧客のランクや今後の期待値で社長が決定する

③酒席だけで終わらせず、必ず3日以内にお土産が届くよう手配する

④顧客接待以上に、仕入先、外注業者への接待を意識する（顧客より、業者のほうが利益貢献が高い。業者を大事にしないとしっぺ返しを食らう）

(10) 顧客への贈り物をするときの判断

①歳暮、中元は常識の範囲の商品にする

②歳暮と中元の間に、季節の贈り物を選定し、贈る（社長の言葉を添えて）

(11) 取引先信用低下リスク時の判断

①回収に関するマニュアルを遵守する

②危ない情報や通常と違う雰囲気を感じたときは、社長まで情報を上げる

③転売される前に自社商品確保のスピードを上げ、被害が最小限になる努力を第一に考える

（12）商品供給をカットするときの判断

①低利益、低売上貢献で、今後も見込みなしと判断した場合

②カットを決めたら最長 6 か月以内に完全カットを目指す

③顧客には営業幹部が主旨説明をする

④代替商品の仕入先情報を集め、顧客に提案する

（13）顧客をカットするときの判断

①切りたい顧客がいるとき、自社商品以外の商品を紹介する

②取引停止で悪い噂が出ないよう注意する

3　製造に関する判断基準

（1）購買・外注単価交渉時の判断

①無理な値下げ要求は品質問題を起こす

②相手が値下げをのみやすい対策を先に提案する

③外注先、仕入先からの値上要求には、相場や相見積りで適正かどうかを確認する

④他社より高い場合、その外注先が信頼できるなら、値下げを言わず、今以上のサービスや労務提供を提案し、価格を下げないことを約束する

（2）内製化と外注化の判断

①外注を内製化したい場合、経費が固定化してもそれ以上の受注生産の継続性が読めるかどうか精査する

②内製を外注化する場合、内製に伴う固定費が別の生産部門に移動可能かを確認する

③外注した場合、当社の依存度への 40％を超えない範囲にする

④外注化は相手が慣れるまで、極端な低単価は出さない

（3）外注先選定判断

①まず、価格より品質を優先する

②役員以上が、外注先経営者の人柄を確実にチェックする

③外注先依存度は1社に集中させない。必ず複数外注先を確保

④1つの外注先が倒産廃業したら、すぐに次の外注先を探索する

（4）残業平準化の判断

①部署によって残業時間の差が大きいと、不平不満の温床になる（残業が多くても、少なくても不満になる）

②残業が減った部門があれば、残業の多い部門に人を異動

③常に多能工化できるよう「スキルマップ」の指導を徹底しておく

（5）仕入、購買のコストダウンでの判断

①仕入先、購買先にメリットがある条件を先に検討して、コストダウンを依頼する

②コストダウンはEV（事業価値）を基本として、先方が納得のいくものにする

③コスト面で購入部品を変更する場合、品質検査と他社での使用状況を調査したうえで行う（テスト購買時にできるだけ情報収集）

（6）外注費削減の判断

①外注費を削減する場合、一方的に外注先を苦しめるようなことはしない

②外注先2社の比較はしても、長年の外注先が努力してコスト削減できるような提案や指導を先に行う

（7）多能工化の判断

①スキルマップで全体のバランスを見て、特定作業部門がボトルネックにならないようリスク分散しておく

②原則全員2職種以上の多能工を徹底する

③多能工教育の時間は残業時間にあててもよい

④製造部長は年に1回はスキルマップ状況を把握し、個人の目標設定に入れる

（8）機械投資（新規・修理）に関する判断

　①新規の設備機械投資の基準は、減価償却が終わっていて、性能が低下し
　　生産性に影響があり、修繕費が膨らんでいる状況の場合

　②古い機械を新しくしても大きな生産性向上、キャッシュが望めないよう
　　なら、だましだまし使うか外注を検討する

（9）現場工のモチベーションと管理

　①誰からも見えない場所で単独で作業させない（不正と手抜きが発生しや
　　すい）

　②仕事量の目標を「見える化」させて、時間当たり作業量を意識させる（本
　　人のペースで仕事をさせない）

　③生産管理の係員は現場工を孤独にさせないようにコミュニケーションを
　　とる

　④事業部長は現場工との飲み会や懇談会を定期的に実施する（現場からの
　　課題を聞き出すチャンス）

4　経営管理に関する判断基準

（1）コンプライアンスでの判断

　①コンプライアンス指針を絶対遵守する

　②グレーと思われる行為でもやらない

　③コンプライアンス違反になる案件を提案してくる社員には厳しく注意す
　　る

　④赤字でもコンプライアンス違反はしない

（2）パワハラ・セクハラ確認時の判断

　①すべて経営者に報告する

　②パワハラ・セクハラ指針に沿って対処する（総務部長だけに任せない。
　　各事業部長が直接関与する）

（3）地域との付き合いや地元貢献の判断

　①地域あっての会社であることを認識し、町内行事には積極的に参加する

②地域への金銭的な貢献、地域行事への労務貢献は大事な経営活動である

③社員が地域活動で時間がとられる場合は、可能な限り他のメンバーでカバーする

（4）自社物件の自然災害・火災時の判断

①災害マニュアルに沿って行動する

②経営者、関係役員、工場長は、事態が収拾するまで24時間体制で対処する（出張等でいない場合は、上長が対応）

（5）労災事故時の判断

①即、社長に報告する

②労災対応手順に沿って行動する

③統括衛生責任者の陣頭指揮で、48時間以内に、原因究明と再発防止策を提出し、現場に徹底させる

（6）服務規律違反が判明した場合の判断

①役員、幹部が本人を呼んで、実情把握

②24時間以内に始末書、反省文を提出させ、担当役員が72時間以内に賞罰委員会を招集する

③その責任を鑑み、当事者は処分や対応策が決まるまで自宅待機させる（問題行為を行った社員に普段どおり仕事を続けさせることはしない）

（4）経営判断基準の例 —— 飲食業

「飲食業の経営判断基準づくり」の事例は、社歴を聞きながら、そのときどきに起こった出来事から経営判断を導き出したドキュメントなので、小規模企業にはわかりやすい事例である。

経営判断基準
1. 新規出店時の基準 　①自社努力で対策ができない立地と場所に出店しない 　②出店の初期投資の借入は、返済できる資産の範囲内で行う 　③最初の出店場所は、論理的なことだけでなく、土地柄を見れる人に相談する 　④新規出店はハイクオリティを基準（ローコスト商品はしない） 　⑤自分の価値観だけで出店しない 　⑥「この店は何のためにやるか」という目的を明確にして検討する 　⑦相手側の一方的な情報を信用せず、自ら調査して実態を把握し検討する 　⑧合弁で制約の多い出店は原則しない 2. 改装の基準 　①経年劣化で簡単な手直しが必要な箇所は行う 　②全面改装の設備投資が必要なら、別の設備のよい居ぬきを狙う 　③おしゃれ、恰好よいだけで改装しない。お客様が入りやすい店を基本にする 3. 新業態の店舗を出すときの基準 　①お客様の嗜好、外食、中食、デリバリーのニーズに沿った業態を考える 　②一人のお客様が何回も利用してもらえる多機能を持った店舗（飲食、宴会、デリバリー、テイクアウト等） 　③時代の変化、世相、消費者ニーズの情報を多方面から聞いて判断する 4. 仕入先変更、取引の基準 　①取引先は本部が決め、本部経由で行う（店での直取引はしない） 　②業者との癒着行為は認めない。業者からの供与はすべて報告すること 　③一方的な値下げを要請しない 　④業者は2、3社の競合見積で、通常の取引先に勉強してもらう 　⑤年に2回は取引価格見直しを行う（少しでも安くできる提案をしてもらう） 　⑥取引先はむやみに変えない（安い所にコロコロ変えることはしない） 　⑦新規の取引は値段だけで判断しない。他社との実績、社歴、経営者と会って判断する 5. メニュー開発の基準 　①新商品を作るときは地域ブランドとして、同業者、行政を巻き込む（レシピもオープン） 　②新商品はストーリー性、地域貢献性を出し、高いクオリティのものを提供する 　③食べて美味しいものが原則。原材料クオリティを落とした低価格商品は出さない 　④業績が厳しくなったら、メニュー幅を広げず、得意なメニューの質を上げる

1

2

3

4-1

4-2

4-3

4-4

会社沿革

■帰郷して店に入る
　　　　社会貢献できるような収入を得たいと考えた（周囲は理解しなかった）
　　　　自分が豊かにならないと、貢献ができないと感じた⇒母の店を絶対成功させたい

■ 28 歳　承継後（当初）
　　　　うどん店

■ 29 歳　うどん店失火、移転先で再出発（カウンター 5 席と出前の店で再出発）
　　　　＊リスク対策の火災保険で助かった
　　　　友人が支援金を集めてくれ、仮店舗を無償で貸してくれた⇒
　　　　・昔から友人の面倒見も良く、気風がよかったから
　　　　・家族、アルバイトに夢を語り続けた

■ 35 歳　うどん店の再移転（30 坪、40 席）
　　　　4,000 万円の投資
　　　　幼馴染が、味どころ、ロゴ、デザイン、メニュー表を無料で提供してくれた

■ 37 歳　うどん店の増席（50 席）

　　　　出前から店中心に切り替えた
　　　　うどんだけでは売上が上がらず、和食を勉強
　　　　友達が修業先を紹介してくれた（店をしながら通って勉強）
　　　　（1 か月で和食コースの基本メニューを教えてもらう）⇒死に物狂い

　　　　（薬品会社からの医師の集まりで、修業した和食を提供）
　　　　なぜ、そこまでしたか

　　　　4,000 万円の借金を返すには、この事業に失敗したら死ぬ覚悟

　　　　（自分で返せる範囲の借金しかしない⇒一足飛びに大きく成長させない）

経営判断基準（続き）

6．社員採用・パート採用の基準
　①身だしなみ、礼儀作法、言葉使い、笑顔を見る
　②職歴が多すぎる人は原則採用しない
　③社員が紹介しやすいようなルール、報償を常に見直す

7．幹部昇格の基準
　①嘘をつかない、正直な性格以外 NG（能力があっても、これは絶対遵守）
　②能力があっても、5年以上勤めて信頼感が生まれない限り登用しない

8．地域貢献、つながりの基準
　①地域の催しに協力している（人的以外に資金面も含めて）
　②選挙運動をしない（どこかの候補に肩入れしない）
　③本業をおろそかにするような地域活動（団体）はしない
　④経常利益の1%を郷土の市に寄付し続ける

9．ロイヤルカスタマー（上得意客）への対応基準
　①上得意客には特別の扱いをする（専用の企画を実施）
　②社長が直接、顔の見えるサービスを実施

10．海外イベント・出店時の基準（別シート）

11．メニュー値上げの基準
　①地域の相場は意識するが、原材料アップした場合でも質を落とさない値上げは行う
　②値上げする場合、五感で納得できる工夫を施す（単なる値上げは要注意）
　③主力メニュー、売れ筋メニューの値上げは慎重に、わからないように行う（ステルス値上げ）

12．リスク対策の基準
　①リスク保険は総粗利の○○%を基準に、必要な保険に入る
　②業績よりもコンプライアンスを優先する（常に法令に沿って経営を合わせる）

13．社長の姿勢
　①気風よくする。生き銭を使う
　②ビジョン、人としての姿勢を語り続ける
　③社員、アルバイトとは家族として飯を食べながら、未来を語る
　④自分が返せる範囲の借金しかしない
　⑤急成長はしない。求められるものに徐々に合わせる（身の丈に合った成長を目指す）
　⑥多少有名になっても、マスコミに乗せられない。自分を見失わない
　⑦設備投資・不動産投資をするとき、必要以外のものまで買わない（遊ばせない）
　⑧マネジメント能力がなくても、社員管理や育成ができるシステムを作る
　⑨大きな企業や優れた経営者と付き合うには、「求めるより、与えること、こびてはならない」
　　が大事

会社沿革（続き）

■39歳　うどん店だけでは、従業員が賄えないので、出店を検討
　　　　飲食店から外食産業へ転換　法人化、社保を付けた
　　　　天ぷら店出店

　　　　祈祷師の意見で、最初の出店場所をキャンセル。その土地のいわくつきがわかった

■40〜45歳　和食が2つに分かれると力が落ちるので、違う業態をコンサルタントに相談
　　　　　　コンサルタントの「天ぷら」パッケージがあったから、手を出す
　　　　　　（経験のない業態を出店する時は、自前のプライドを捨てる）
　　　　　　（真似るなら、クオリティの高い店を模範にする）

■45〜50歳　ゴマうどんの展開
　　　　　　自社レシピを公開して、町ぐるみで展開⇒全国知名度が上がった
　　　　　　マスコミの演出に乗せられて、勘違いした

■50〜55歳　食堂の開店
　　　　　　ゴマうどんの成功で、うぬぼれ、勘違いが発生
　　　　　　（お客様の求めるものではなく、自分が恰好いいと思う店にした）
　　　　　　うどん店なのに、わびさびとゆっくり食べてもらうことを客が喜ぶと誤解

■55〜60歳　洋食店の開店
　　　　　　和の古民家風に洋食というコンセプトで開店
　　　　　　目的がなくて、コンセプトを無理やり後付けした

■60〜62歳　退職者からの残業不払いタレコミで労基へ相談
　　　　　　当時、本人に80万円の支払いが発生

■63〜65歳　モールへの出店開店
　　　　　　モール側からオファーがあり、その情報だけで出店をした
　　　　　　夜売上が全くないことを事前に把握してなかった
　　　　　　自らの足で調査不足だった
　　　　　　モール側の制約が多く、自由にできなかった

■66〜68歳　ハワイへの出店
　　　　　　海外の出店の調査が甘かった
　　　　　　日本食が氾濫しているのに、うどん需要があると誤解
　　　　　　商売経験のない留学生の情報で、出店をしてしまった
　　　　　　海外なのに、合弁組まず。独資でやってしまった

（5）経営判断基準のカテゴリーを事前に学習

　経営判断基準といっても、どんなジャンルのことを文言化するのかわからないこともある。

　そこで、あらかじめ下記のようなカテゴリーを「経営判断基準」にすることを伝えて作業に入る。

	経営判断基準　参考カテゴリー		
1	設備投資、買い替えの判断基準	17	事業縮小、拠点撤退時の判断基準
2	改修改装時の判断基準	18	大幅な業績悪化、リストラ不可避時の判断基準
3	新規事業参入時の判断基準	19	資金活用、運用時に判断基準
4	不動産購入時の判断基準	20	新組織、新部署構築時の判断基準
5	出店・進出時の判断基準	21	M&A、業務提携・出資時の判断基準
6	新規顧客取引開始時の判断基準	22	法的トラブル、訴訟になる前段階の判断基準
7	新商品取り扱い時の判断基準	23	風評被害、メディア被害時の判断基準
8	取扱商品の撤退時の判断基準	24	主要顧客の慶弔時の判断基準
9	顧客との取引縮小、停止時の判断基準	25	自社の被災時の判断基準（自然災害、火災等）
10	値上げ時・値下げ時の判断基準	26	関係先が被災したときの判断基準
11	役員幹部登用時の判断基準	27	海外企業との取引時の判断基準
12	役員幹部降格時の判断基準	28	重要品質問題発生時の判断基準
13	通年赤字が見えた時の判断基準	29	役員、主要幹部が入院等で出社できない場合の判断基準
14	経費削減・コストカット時の判断基準	30	機密漏洩、セキュリティ問題発生時の判断基準
15	役員会で意見が割れた時の意思決定の判断基準	31	社内不正の兆候や情報が出たときの判断基準
16	付き合いの長い社員、業者から借金依頼があったときの判断基準	32	従業員や第三者から出資を受け入れるときの判断基準

(6) 先にフレームを作成

　左側の「経営判断基準」に、自社に必要なカテゴリーを先に書き込み、右側に「会社の沿革」を聞き出し、そのときどきの出来事と経営判断で学んだことを該当カテゴリーに箇条書きで記載できるようなフォームを作成する。

　どのカテゴリーに入れるか判断しにくい場合は、最後の「社長の基本姿勢」に追記する。

経営判断基準	会社沿革	
1　　　　　の基準	年齢・年度	出来事
2　　　　　の基準		
3　　　　　の基準		
4　　　　　の基準		
5　　　　　の基準		
6　　　　　の基準		
7　　　　　の基準		
8　　　　　の基準		
9　社長の基本姿勢		

(7) 社歴をヒアリングしながら、
　　そのときどきの判断と背景を聞き出す

会社沿革を聞きながら、

- ●「その出来事からどんな学びがあったか」
- ●「そのよかった出来事をさらに広げるために、どんな発想と行動が必要か」
- ●「その悪かった出来事を繰り返さないため、どんな発想と行動が必要か」
- ●「そのような出来事が今後も起こる場合、どういう判断指針が必要か」

を意識して、質問する。

　会社の歴史と経営判断基準は車の両輪と考え、「歴史から学ぶ」という姿勢で、後継者にも動機づけを行う。

　この「社歴の振り返り」は、いずれ会社の記念誌や社員教育にも活用できるので、時間をかけてしっかり聞き込むことが肝要である。また、ここで現経営者も自分自身と歴史を見直すことができる。

(8) 歴史的な出来事が不明な場合、
　　「経営判断基準カテゴリー」からヒアリング

　経営者が創業者ではなく、過去のことが不明な場合は「経営判断基準の事例」を解説したのち、「経営判断基準カテゴリー」から質問しながら入力する。

　「経営判断基準カテゴリー」を説明したあとで、持ち帰りの宿題にし、後日ヒアリングする場合もある。

❻事業承継アドバイザーの仕事

(1) 事業承継アドバイザーとは

　第 4 章に 4 社の「事業承継見える化コンサルティング」の事例を紹介しているが、これらを見ると、事業承継は 1 社たりとも同じものはなく、それぞれの特別なストーリーがある。そして、どのケースも「事業承継を見える化」したことで、現経営者も後継者も納得し、事業承継が円滑に進んでいるのがわかる。

　このように現経営者と後継者との仲介機能や橋渡し機能、ときには厳しく双方を諌める立場が「事業承継アドバイザー」である。こういう行司役や緩衝材のような存在がいないと、同族承継は感情のぶつかり合いから、にっちもさっちもいかなくなることがある。調停機能を持っている「力のある番頭」がいればいいが、そんなケースは少ないのが現実である。

　だからこそ第三者の専門家が間に入り、感情に流されず、論理的に議論を行い、ファシリテーターとなることが必要なのである。

(2) 事業承継アドバイザーの仕事

　事業承継顧問には 5 つの大きな仕事がある。

①役員会や現社長と後継者との会議のファシリテーター
②中期経営計画・単年度経営計画の作成
③中期経営計画・単年度経営計画のモニタリング
④役員幹部の人事への提案アドバイス
⑤後継者への経営実務力の育成

（3）事業承継見える化コンサルティングのスケジュール

　「事業承継見える化コンサルティング」は、平均6か月の期間を想定している。
以下がその大まかなスケジュールである。

【事業承継見える化コンサルティング】工程表 ①

○進捗状況による日数、時間は変動することがある。
○現経営者と後継者の協議が難航して議論がまとまらず、別途時間・回数がかかる場合、追加料金が発生する場合がある。
○中期経営計画、方針、経営幹部の役職で現経営者と後継者の意見が合意できない場合、このプロジェクトではいったん
　は「現経営者の意見」をベースに進める。

基本作業	作業工程		実施内容と注意点	形式・所要時間
プレゼン	事業承継6つの プログラムの説明	①	（個別の場合）所定のパワーポイントをプロジェクター などでクライアントに見せながら説明	●個別面談 ●45〜60分の 説明
		②	書式（カレンダー、中期経営計画、役割責任、権限移譲、 50のチェックリスト、経営判断基準）をプリントした ファイルを見せる	
		③	その後、質疑応答を受ける	
		④	契約内容、価格、期間の打診をして、先方の納得状況 を見る（納得していない場合、何が疑問かを聞き出す）	
		⑤	クライアント先経営者がフルスペック項目を望む場合 の基本作業を聞き出す（ただし、50のチェックリスト、 カレンダー、中期計画は必須）	
		⑥	次回、見積書と契約書の持参日時のアポをとる	
契約	見積書の説明	①	見積書通りで問題なければ、「契約書」を説明し、署名 捺印してもらう	●個別面談 ●45〜60分の 説明
		②	●支払総額の確認をする ●着手金の支払期日を確認（請求書送付後1週間以内）	
		③	●工程表の説明を行う（別紙スケジュール表をプリン トして説明） ●スケジュールに期日予定を記入（先方と確認しなが ら、向こう3か月は日程を決める）	
		④	50のチェックリストとヒアリング以降、現経営者単独 か、後継者も交えて作成するか確認する	
		⑤	経営に影響する親族関係図を次回面談時に提出するよ う宿題を出す	

御社名					
作成日					
代表者名					
後継者名					
記入者					

参加者	（　　　）月		（　　　）月		（　　　）月		（　　　）月		（　　　）月		（　　　）月	
	（　　　）日		（　　　）日		（　　　）日		（　　　）日		（　　　）日		（　　　）日	
●現経営者 ●専任担当者												
●現経営者 ●専任担当者												

1

2

3

4-1

4-2

4-3

4-4

【事業承継見える化コンサルティング】工程表 ②

基本作業	作業工程		実施内容と注意点	形式・所要時間
第1回訪問先作業	「事業承継50のチェックリスト」に基づいて、現状把握①	①	後継者が初めて「事業承継フルサポートプロジェクト」に参加する場合、改めて後継者にもプレゼンを行う	● 2名との個別面談（当事務所で） ● 120分（1質問当り2分）
		②	50のチェックリストをプリントまたはモニターに投影して、一つひとつ聞きながら「実施の有無」と「実施状況」を記入（1〜25）	
第2回訪問先作業	「事業承継50のチェックリスト」に基づいて、現状把握②	①	50のチェックリストをプリントまたはモニターに投影して、一つひとつ聞きながら「実施の有無」と「実施状況」を記入（26〜50）	● 2名との個別面談（当事務所で） ● 120分（1質問当り2分）
第3回訪問先作業後の事務所作業	「事業承継カレンダー」記載項目の整理	①	ヒアリングの結果、未実施個所、不足箇所は「事業承継カレンダー」の最下段の計画欄に記載するので、「事業承継カレンダー」の別シートにメモしておく	事務所作業30〜60分
第3回訪問先作業	「事業承継カレンダー」記入①	①	現経営者、後継者、役員、キーマンの年齢を10か年記載（Excelシートに）	● 個別面談（当事務所で） ● モニターを見ながら記入 ● 120〜150分
		②	社長交代期の年代をヒアリングし記載（交代期は色を変える）	
		③	●現経営者、後継者、役員、キーマンのこれからの役職、役員等の予定 ●現経営者の代表権期間、取締役期間、役職なしはいつからかヒアリングしながら記載	
		④	今後5か年の売上推移、利益推移のおおよその予定を記載	
		⑤	●「基本方針」をヒアリングしながら記載 ●ここは現経営者の意向をベースに箇条書きにする	
		⑥	●「基本政策」は各部門の方針や戦略の方向性について、後継者の意見も反映しながら箇条書きで記載 ●事業ドメインは「中期経営計画」が決まったら、追記する	

参加者	（　　）月 （　　）日	（　　）月 （　　）日	（　　）月 （　　）日	（　　）月 （　　）日	（　　）月 （　　）日	（　　）月 （　　）日
●現経営者、後継者 ●専任担当者 ●最初の挨拶は事務所幹部の誰か						
●現経営者、後継者 ●専任担当者						
●専任担当者						
●現経営者、後継者 ●専任担当者						

【事業承継見える化コンサルティング】工程表 ③

基本作業	作業工程		実施内容と注意点	形式・所要時間
第4回 訪問先 作業前の 事務所作業	資本対策・相続対策・ 金融対策の 素案を記載	①	50のチェックリストからの課題をベースに、会計事務所（またはアドバイザー）としての資本対策・相続対策・金融対策の素案を書き込む（引継ぎ期間までに行うこと、引継ぎ後でもいいものを整理）	●事務所作業 120分
		②	資本対策は、支出に関する設備投資、経営者退職金、役員退職金などの大型の資金需要計画を記載（必要保険など）	
		③	相続対策は遺言書、相続税対策、株評価、株の移譲、贈与や一元化などの対策や行動予定を書く	
		④	金融対策は、調達に関連する銀行との取引の戦略、借入予定、保証外し、金利減免交渉など	
第1回 訪問先 作業	事業承継 カレンダー記入②	①	「経営幹部毎基本役割」欄で、社長、現取締役、後継者時代の幹部の役割・役職の予定を議論してもらう	●個別面談（当事務所で） ●パソコン画面を見ながら記入 ● 120〜150分
		②	ここでは大まかな役割でいいので、後継者時代の経営幹部が誰か、誰に何をしてもらうかをわかる範囲でヒアリングしながら記載	
		③	●資本対策・相続対策・金融対策の素案を説明する ●先方ニーズにより、年度計画を変える	
		④	●宿題を出す（中期経営計画のため必要シートと記入事例の説明）……中期ビジョンシートをデータとプリントで。 ● SWOT分析をする場合は、別途工数を増やす（中期計画をした後、その検証としてSWOT分析を実施）	

参加者	（　　）月		（　　）月		（　　）月		（　　）月		（　　）月		（　　）月	
	（　　）日		（　　）日		（　　）日		（　　）日		（　　）日		（　　）日	
●専任担当者												
●現経営者、後継者 ●専任担当者												

【事業承継見える化コンサルティング】工程表 ④

基本作業	作業工程	実施内容と注意点		形式・所要時間
第5回訪問先作業	中期経営計画作成①	①	現経営者、後継者の宿題がそれぞれの場合、「中期ビジョンシート」の中身を統合するための協議	● 個別面談（当事務所で） ● パソコン画面を見ながら記入 ● 120 〜 150 分
		②	「中期ビジョン」を受けて、「中期経営計画」の中身を議論	
		③	中期経営計画の業績欄は「事業承継カレンダー」の業績欄を転記する	
		④	戦略表現の区分け 【市場の動きと予測】 【ポジショニング or シェア】 【商品戦略】 【顧客戦略】 【組織体制】 【設備投資戦略】 【部門ごと戦略】 は、中期ビジョンシートから置き換えて表現（ヒアリングしながら記載）	
第6回訪問先作業	SWOT 分析による中期計画検証	①	中期計画の妥当性を「機会」と「強み」のヒントを掲示し議論する	● 個別面談（当事務所で） ● パソコン画面を見ながら記入 ● 120 〜 150 分
		②	「機会」×「強み」=「積極戦略」から中期計画に追加修正が必要な場合は、「中期ビジョンシート」「中期経営計画シート」に変更記載する	
第7回訪問先作業前事務所作業	中期経営計画内容を「事業承継カレンダー」へ編入	①	中期経営計画の戦略表現事項を「事業承継カレンダー」の事業ドメインに記載	● 120 分
		②	同じ対策でも年度ごとに取り組み状況が変わる表現とする	

参加者	（　　）月		（　　）月		（　　）月		（　　）月		（　　）月		（　　）月	
	（　　）日		（　　）日		（　　）日		（　　）日		（　　）日		（　　）日	
●現経営者、後継者 ●専任担当者												
●現経営者、後継者 ●専任担当者												
●専任担当者												

1

2

3

4-1

4-2

4-3

4-4

【事業承継見える化コンサルティング】工程表 ⑤

基本作業	作業工程		実施内容と注意点	形式・所要時間
第7回 訪問先 作業	事業承継 カレンダーの 内容確認	①	事業ドメインが入った事業承継カレンダーの説明	● 個別面談（当事務所で） ● パソコン画面を見ながら記入 ● 120 〜 150 分
		②	現経営者、後継者の意見を聞きながら、表現修正	
		③	ここで、事業承継カレンダーの感想や今後の活かし方の意見を聞き出す	
		④	●「役員役割責任一覧」作成の目的、事例を解説する ● 仕事を整理しやすいように「経営者・取締役の業務分担整理一覧表」も渡す ● 第7回訪問先作業までの宿題を提示（宿題はデータとプリントで渡す）	
第8回 訪問先 作業	役員役割責任 一覧作成	①	現経営者、後継者の宿題がそれぞれの場合、「役員役割責任一覧」の基本業務の中身を統合するための協議	● 個別面談（当事務所で） ● パソコン画面を見ながら記入 ● 120 〜 180 分
		②	ヒアリングしながら、役員の基本業務の表現修正をしたものを「新シート」に記載	
		③	次に宿題の後半の「役員役割責任一覧」の「個人別「基本業務の具体的重点事項」の中身を統合するための協議	
		④	第9回の「職務権限移譲計画」の趣旨と事例を解説し、サンプルをベースに記載するよう社長に宿題を出す（サンプルと未記入のデータとプリントで）	
第9回 訪問先 作業	職務権限移譲計画 作成	①	現経営者の宿題の内容を確認	● 個別面談（当事務所で） ● パソコン画面を見ながら記入 ● 120 〜 180 分
		②	後継者の意向も聞きながら、追加修正	
		③	表現がアバウト過ぎる場合は、具体的な固有の表現に修正して記載	
		④	職務を CBA で区分けしたものが適正か、後継者の意見も聞きながら修正	

参加者	（　　　）月		（　　　）月		（　　　）月		（　　　）月		（　　　）月		（　　　）月	
	（　　　）日		（　　　）日		（　　　）日		（　　　）日		（　　　）日		（　　　）日	
● 現経営者、 後継者 ● 専任担当者												
● 現経営者、 後継者 ● 専任担当者												
● 現経営者、 後継者 ● 専任担当者												

【事業承継見える化コンサルティング】工程表 ⑥

基本作業	作業工程		実施内容と注意点	形式・所要時間
第10回訪問先作業	経営判断基準づくり	①	経営判断基準事例を解説	● 180分
		②	社歴を聞きながら、時々の判断基準を記載入力（カテゴリーは無視して、とにかく入力）	
		②	ランダムに入力された経営判断箇条書きをカテゴリー分けして、再入力（先方に確認しながら進める）	
第11回報告会	事業承継6つの「見える化」の報告書の説明	①	現経営者、後継者にこれまで協議してきた内容を報告	● 個別面談（当事務所で） ● パソコン画面を見ながら記入 ● 90〜150分
		②	文書で報告するが、報告時に修正依頼があれば、文字データをそこで修正	
		③	●報告会後のモニタリング（事業承継顧問）契約の提案をする ●月次経営会議指導の提案（中期計画から単年度の経営計画とアクションプラン作成） ●経営会議の頻度、所要時間、費用等を提案	
		④	モニタリング（経営会議）の日程を決める	
		⑤	報告会後、再度修正データと修正した小冊子（ファイル）を提出	
モニタリング開始	モニタリング「事業承継顧問」または「事業承継アドバイザー」開始	①	事業承継カレンダーの中期計画、各種対策に沿って「単年度経営計画とアクションプラン」を作成	● 経営会議形式または個別面談（当事務所で） ● パソコン画面を見ながら司会と書記 ● 90〜150分 ●月1回 ● 別途契約：5〜10万円/回（会計事務所の場合）
		②	アクションプランに沿って経営会議で実施状況をチェック	
		③	経営会議後、必要な決定事項を整理し一覧表で提出	
		④	次回経営会議日程の確認	

参加者	（　　）月 （　　）日		（　　）月 （　　）日		（　　）月 （　　）日		（　　）月 （　　）日		（　　）月 （　　）日		（　　）月 （　　）日	
●専任担当者												
●現経営者、後継者 ●事務所幹部 ●専任担当者												
●専任担当者												

4

「事業承継見える化」
コンサルティングの事例

❶ 「F塾」の事業承継

—— 小城 麻友子（小城麻友子税理士事務所所長 税理士）

1. 企業概要

株式会社 F 塾は、東京で小学生から高校生を対象にした生徒数約 80 名の個別指導の学習塾である。

経営者は大手個別指導塾で 25 年間勤務した後、2 年間個人事業主として F 塾を運営。3 年目から法人化し、直近期で 3 期目となる。

- 売　上　43,000 千円（直近期）
- 従業員　正社員 1 名　講師アルバイト 29 名

2. コンサルティングの経緯

T 社長は現在 52 歳であり、後継者候補としては、正社員として勤務している長男 25 歳を考えている。

T 社長が 50 代前半と若いことから、コンサルティング当初は具体的な承継時期のイメージはあまり持っておらず、複数教室にしたときには、息子に第 2 教室を任せていきたいという漠然としたものであった。

T 後継者が同社に入社し約 2 年、T 社長が月次経理の巡回監査時に筆者に漏らした言葉が印象的だった。

「ひいき目があるかもしれないが、親から見て能力もやる気もある。ただ、今一歩の配慮不足があり、よい結果に結びつけられていないと感じる」

そこで筆者（小城）は、現状把握、10 年後の会社としての理想像、後継者に具体的にいつ頃までに、何ができるようになってもらいたいかという「見える化」

の効用を話し、「事業承継見える化コンサルティング」を提案した。

T 社長は、複数教室展開をふまえた長期計画、それに伴う役割移譲もそろそろ考えたいタイミングであったことから、コンサルティングを希望した。

F 塾の事業承継上の課題は 3 つである。

1 つは、T 社長が生徒への学習指導から、保護者対応、経理・人事・総務まですべてを行っている。そのため、仕事が多すぎて将来構想などを考える時間がないことである。

2 つ目は、未来のための検討時間が作れないことから、明確な中長期の事業展開構想がないことである。

3 つ目は、後継者候補である長男がまだ頼りなく、すべて任せられないということである。

3. コンサルティングのスケジュール

以上のことをふまえ、次ページ以下にコンサルティングのスケジュールを組んだ。途中、3 月中旬～月末、7 月中旬から 8 月末はそれぞれ「春期講習」「夏期講習」で超繁忙期であるので、この期間はコンサルティングを中断することとした。

■事業承継見える化コンサルティング　スケジュール

	実施項目	3月		4月		5月	
		前半	後半	前半	後半	前半	後半
事業承継10か年カレンダー	(1)第1回ヒアリングと指導（経営者のみ） ●経営者へ「事業承継10か年カレンダー」の説明と了承 ●「事業承継50のチェック」ヒアリングの実施		この時期はコンサルティングは中断　《春期講習中の繁忙期》				
	(2)第2回ヒアリングと指導（経営者のみ） ●個人年齢と役職予定の記入 ●売上概算予定確認 ●継栄基本方針確認と記入 ●今後の各経営基本方針の確認						
	(3)第3回ヒアリングと指導（経営者のみ） ●事業展開の整理と、後継者の役割責任の整理 ●財産相続承継関連、資金関係の確認						
	(4)第4回後継者への説明と承諾（経営者と後継者） ●継栄基本方針と経営者の想いの後継者への説明 ●「事業承継10か年カレンダー」の内容説明 ●後継者への確認と承諾						
経営判断基準づくり	(1)第5回ヒアリングと指導 ●経営者、後継者へ他社の経営判断基準の解説と作成フォームの解説 ●経営理念から行動規範の確認		この時期はコンサルティングは中断　《春期講習中の繁忙期》				
	(2)第6回ヒアリングと指導 ●行動規範の整理 ●失敗成功の事実と学びのヒアリング						
	(3)第7回ヒアリングと指導 ●経営判断基準の文言のチェックと修正 ●後継者への説明、経営者と後継者との質疑応答						
職務権限移譲計画	(1)第8回ヒアリングと指導 ●現経営者の職務権限・仕事分析⇒月週日スポットの仕事分析						
	(2)第9回ヒアリングと指導 ●経営者、後継者と職務権限移譲計画の整理と確認をしながら計画表に記入① ●現状の権限や社内の問題点の整理						
	(3)第10回ヒアリングと指導 ●経営者、後継者と職務権限移譲計画の整理と確認をしながら計画表に記入②						
確認	(1)第11回ヒアリングと指導 ●「事業承継10か年カレンダー」の最終チェックと修正確認 ●職務権限移譲計画の修正確認 ●経営判断基準の修正確認						

会社名	株式会社 F 塾
担当名	小城麻友子

6月		7月		8月		9月		10月		11月	
前半	後半	前半	後半	前半	後半	前半	後半	前半	後半	前半	後半

〈夏期講習の超繁忙期〉
この時期はコンサル
ティングは中断

〈夏期講習の超繁忙期〉
この時期はコンサル
ティングは中断

4. 事業承継 10 か年カレンダー

(1) 人員計画

T 社長は、60 歳になるときに第一線の授業担当を完全に外れ、後継者を役員にする計画とした。

自分が還暦になるのを一つの区切りとして、後継者に一段上の立場に行ってほしいという想いから、この年齢とした。

10 か年カレンダー作成当時 52 歳で、承継第一段階も 60 歳と若い。そのため、ここで完全に後継者に権限を移譲するのではなく、60 歳から徐々に役員としての権限移譲を行う。

そして、後継者が 40 歳になるまでには、役員としての権限移譲も完了する予定にしている。

同社は従業員の大半が学生アルバイトの講師で、役員・正社員は父と子の 2 人である。T 社長には後継者の T 氏のほかに 1 人子どもがいるが、他業種で働いており、今後も同社に関与する予定はない。よって、T 氏を後継者と考えている。

また、後継者 T 氏が後継者となったときに右腕となりうる人物を、親族外から社員として新規に採用する予定である。

新規採用社員には、ある程度の経験を積ませた後、既存教室の室長として登用することを考えている。

(2) 収益計画

事業計画欄の売上は、現状が 1 教室運営で 43,000 千円である。教室のキャパシティから最大限の生徒数で考えると、約 50,000 千円が上限とのことであり、2024 年期の目標を 50,000 千円とした。

なお、同社は教室オープン 2 年目で、当初 5 年での目標としていた生徒数を達成したことから、最大限の生徒数をあと 2 年で実現することも困難ではないと考えている。

その後、複数教室展開を行い、10 年目までには 2 教室増やし、第 3 教室まで

拡大する計画とした。

　第2教室は後継者となるT氏がオープン当初から教室長となり、集客宣伝広告からすべてを自ら行う予定である。経験年数などから、第1教室のように当初からの相当数の集客は見込めない可能性を考え、第2教室オープン1年目の2025年期の第2教室の売上は10,000千円とした。

　第1教室50,000千円と合わせ、60,000千円の計画とした。

　第2教室は、オープン5年までで生徒数70名を目標とし、第2教室単体での売上を30,000千円まで拡大させる。

　第2教室が軌道に乗る2030年期に、後継者T氏を教室長に据えた第3教室をオープンする予定である。

　2030年期に第3教室がオープンすると、会社全体としての売上は90,000千円となる。

　親族外の正社員には、第3教室オープン時に、ある程度軌道に乗っていると推測される第2教室の教室長を任せる予定である。

(3) 経営方針

　上記の事業構想についての経営者の想いは、1教室だけではキャパシティから売上が頭打ちになってしまうため、複数教室の展開をして、年商の拡大をすることに尽きる。

　また、新規教室の場所によっては、既存教室と運営方針は同じくするが、地域特性に合わせた趣向の違う教室を運営するのも面白いというワクワク感を抱いている。

　後継者は、現状まだ役員ではなく従業員の立場でもあり、父である経営者の技量に追いついていない点も多い。実務面での議論となると、経営者に言い負かされてしまうことが多々見受けられる。

　だが、後継者本人はその点は悔しく、自分の裁量で教室運営をしてみたいという想いを持ち、複数教室の展開には期待と興味を持っている。

　現在、後継者は発言権があまりないことから、職務役割、財産相続承継等全般については、T社長が筆者との問答のやり取りのなかで概略を決定した。

　おおよその青写真が描けた段階で、T社長から、後継者に概要説明及び後継者としての期待などを伝えて、後継者のT氏も了承した。

■事業承継 10 か年カレンダー（長期計画）

		2022 年（現在）	2023 年	2024 年	2025 年	2026 年
役員社員年齢	T 社長	52 歳	53 歳	54 歳	55 歳	56 歳
	後継者	25 歳	26 歳	27 歳	28 歳	29 歳
	正社員採用				25 歳（希望）	26 歳
	学生アルバイト（講師）	29 名	30 名	35 名	50 名	50 名
職責	代表取締役・教室長 /4 年	代表取締役・教室長	代表取締役・教室長	代表取締役・教室長	代表取締役 / 第 1 教室長　　第 2	
	主任 /2 年	面談時の話題・引出項目作り	教務（面談ができる）	副教室長	第 2 教室長	第 2 教室長
		講師の先生との関係性強化	広告（Google など）・HP 関連への関与		第 2 教室に関して、①損益管理	
	正社員（新入社員）				入社	一般社員
収益計画（単位：千円）	売上合計	43,000	47,000	50,000	60,000	60,000
	売上（第 1 教室）	43,000	47,000	50,000	50,000	50,000
	売上（第 2 教室）				10,000 生徒 30 名	10,000 生徒 30 名
	売上（第 3 教室）					
	経常利益	2,200	2,400	2,700	2,800	2,900
経営基本方針（経営理念・商訓・経営者の姿勢等）		①子どもたちに寄り添った教室にする（費用面、学習指導・生徒指導面）。学校は不 ②教室を第二の勉強部屋にする。いつでも使える個別指導塾。				
	1-1　第 1 教室の充実	生徒数を 100 名にし、併せて単価アップの施策（下記 2-2、2-4）。				
	1-2　第 2 教室の開設と充実	2025 年期から、2 教室目（東京都内東部地域）をオープンする。当初目標生徒 30 名				
	1-3　第 3 教室の開設と充実	2030 年期から、3 教室目（個別塾が少なく、線路を挟まずに通学できる近隣エリア）				
	2-1　学生講師の指導力アップ	講師の大学生・大学院生は、フォロー学習や自習室担当をすることで、社会人として増やし、質の高い講師を確保する。				
	2-2　主要科目（英数国）以外でのアプローチ	個別指導では、理科・社会科の非設置やオンデマンド学習のところが多いので、集合みにつなげる。				
	2-3　付加価値サービスで、新規生徒数アップ	自習室が他社よりも広く充実しており、各人にあった自習計画（次回定期テストまでかるようなアプリもしくはシステムを作成し、指導をより手厚くし、成績アップ、希				
		特に保護者対応では、保護者の課題や不安点を問いかけのなかで明確にし、課題解決者の信頼を得ることで生徒数アップ、低い退塾率を維持する。				
	2-4　付加価値サービスで1人当り単価アップ	フォローシステム（前職会社の指導システムを応用したもの。他塾の 1 回分費用で、定着を図る。オプションではあるが、現状全員つけている手当 → 平均月 2,000 円アッ				
		3 教科受講者は、理科・社会科受講を無料のシステムとする。→ 2 教科受講から、3 教				

会社名	株式会社 F 塾	
作成日時	令和 4 年 8 月 19 日	
参加者	T 社長	小城麻友子

2027 年	2028 年	2029 年	2030 年	2031 年	2032 年
57 歳	58 歳	59 歳	60 歳	61 歳	62 歳
30 歳	31 歳	32 歳	33 歳	34 歳	35 歳
27 歳	28 歳	29 歳	30 歳	31 歳	32 歳
55 名	55 名	55 名	70 名	70 名	75 名

・第 3 教室は肩書はつけないが、総合的に把握し、第 2・第 3 教室長へのアドバイス

第 2 教室長	第 2 教室長	第 2 教室長	取締役 / 第 3 教室長	取締役 / 第 3 教室長	取締役 / 第 3 教室長

②生徒数増加及び維持の責任　③新教室での講師確保の責任

一般社員	一般社員	一般社員	第 2 教室長	第 2 教室長	第 2 教室長
70,000	80,000	80,000	90,000	90,000	90,000
50,000	50,000	50,000	50,000	50,000	50,000
20,000	30,000	30,000	30,000	30,000	30,000
生徒 50 名	生徒 70 名	生徒 70 名	生徒 70 名	生徒 70 名	生徒 70 名
			10,000	10,000	10,000
			生徒 30 名	生徒 30 名	生徒 30 名
3,200	3,500	4,000	4,200	4,400	4,500

登校でも、当塾には楽しく通ってこれる教室に。

で、売上 10,000 千円　→　生徒 70 名まで伸ばす

をオープンする。当初目標生徒 30 名で、売上 10,000 千円

重要な観察力、気配力、コミュニケーション力が習得できる。就活に有利になることで、アルバイト希望者を

型での定期試験前集中講座を行い、主要教科以外での受講によりメリットを感じてもらい、主要教科の申し込

の教材、学習スケジュールを全教科分）の作成という現状の当社のウリを、学習管理状況が塾にも両親にもわ
望校合格者アップによる、さらなる実績強化（現状は紙で把握）。

のための方法と当塾でできることを明確に伝え、実際に熱意をもって（時には売上度外で）授業を行い、保護

2 回受講可能な料金設定。教室のフォローエリアで指導内容を先生サポートのもと、演習可能）で、学習力の
プし、年間 24 千円 / 人のアップにする。

科受講者が増えるので単価アップ。あわせて、複数教科での成績アップも実現するため、退塾防止につながる。

	2022年(現在)	2023年	2024年	2025年	2026年
年次の事業ドメイン（領域）・経営戦略	第1教室の生徒数を100名にする				
		●準備として、講師募集のために、基本政策2-1の実施 ●後継者を、教室長に必要な能力強化の実施		第2教室開始（2026年までに生徒30名）	
			●教室長候補、講師募集のための採用Webペー ●教室長候補で新採用者の教育。2030年から教		
	講師の学生に対する研修システムの充実			学生の間で、「ここでアルバイに有利な能力が身につく」こと	
		●理科・社会のPRのため、Webページの改修 ●理科・社会での学力アップの実績作り ●理科・社会を教えられる講師の募集			「理科・社会にも強いF塾！」のPR開始
		自習進捗管理アプリorシステムを作成し、自習室＆マイ自習計画作成と管理をアピールできる体制構築			毎日通える個別指導のPR開始
経営幹部毎基本役割	T社長	●教室長 ●経理財務、総務、人事、広報、授業担当			
	後継者			第2教室の教室長	第2教室の教室長
	正社員			入社（第1教室所属） ●個別指導 ●自習室担当	第1教室において
資金財務対策					商工中金の当座貸越の設定
相続税対策					
金融機関対策	A信金から、既存借入あり（3本）	既存1本完済	既存1本完済	●既存1本完済 ●既存3本すべてが完済したら、新規教室設備運転資金として、約5,000千円新規	

2027 年	2028 年	2029 年	2030 年	2031 年	2032 年
	基本政策の 2-1 〜 2-4 の実施で、第 2 教室の生徒数 70 名、売上 30,000 千円にする				
ジの充実 室長ができるように、必要能力を伸ばす			第 3 教室開始　2030 年までに生徒 30 名、売上 10,000 千円にする		
トすると、就活の周知					
			個別授業担当から外れる		
第 2 教 室 の 教室長	第 2 教 室 の 教室長	第 2 教室の教室長	専務取締役就任 / 第 3 教 室教室長		
●自習計画作成 ●自習室指導で学生を束ねるリーダー業務 ●三者面談資料作成、面談で補助 ●主任としての追加業務			第 2 教室教室長		
			後継者に株式贈与開始	後継者に株式贈与	後継者に株式贈与

5. 職務権限移譲計画

（1）現社長の業務の洗い出し

　現社長から後継者への権限移譲を考えるにあたり、まずT社長の現在の業務を洗い出してもらった。

　項目出し後のT社長の感想は、次のようなものであった。

　「かなりの量の仕事を限られた時間のなかでできる自分はエライ！　とはいえ、自分が動き過ぎで創造的業務の時間が少ない」

　性格的に「自分でやらないと気が済まない、自分がやってしまったほうが早い」とつい自分でやっていたが、これでは後継者はいつまでたっても育たないということを実感したようである。

（2）権限の移譲

　だが、何を、いつ渡していくかの話になると、少し歯切れが悪くなる。前述のように、T社長の悩みである、「後継者の配慮不足」が頭をよぎるようだ。検討する過程で何回も「これは、もう少しできるようになってから……」という発言が連発された。

　筆者は内心、「それだとT社長の業務量は今とほとんど変わらない」と感じたが、まずはT社長の発言どおりの整理一覧表を作成した。

　それをもとにいくつかの項目をピックアップして、移譲項目の整理表も併せて作成。そして、一覧表をお見せして「これで大丈夫ですか？」と確認した。

（3）権限移譲が難しい理由

　T社長も「これでは全然移譲にならないね……」と苦笑した。

　そこで再度一覧表で、当面は自分が行う項目のうち、3年の間に後継者に実力を少しつけてもらえれば、移譲できそうな項目をピックアップした。

　その項目について、「すぐ移譲できそう」「1年後」「少し一緒にやって3年以内に」

に分類してもらった。その結果が、移譲項目整理表（138 ページ）である。

後継者の T 氏は作成当初、T 社長が「まだこれも無理、あれだって無理」という言葉に、だんだん表情が暗くなって、下を向きがちであった。

再度チャレンジの際、自習カリキュラムの項目で、T 社長が最近入塾した小学生に対する時間設定や自習カリキュラム作成に込められた想いを少し語った。後継者 T 氏は、T 社長のほうに視線を向け、じっとその話に耳を傾けていた。

あとで聞くと、この小学生の自習状況について、後継者は T 社長から叱責されていたようであった。

「そのときは、厳しい口調で叱責され、少し心が折れたが、この話を聞いて、T 社長の想いを具体的に理解することができて、自分の生徒への向き合い方の甘さを認識した」と話してくれた。

権限の移譲は、後継者が順調に育ってくれば自然となされるものと思われがちだが、現経営者からするといつまでたっても「未熟者」「実力不足」と映ってしまうものである。このあたりは、コンサルタントが第三者としてうまくリードしていくことが必要である。

いずれ事業承継していくのであるから、権限移譲は当然なされなければならないことである。だが、創業経営者にとって会社は自分の身体の一部かそれ以上のもので、「自分が創り上げた一生涯かけた作品」みたいなものである。頭では権限移譲は理解するものの、いざ移譲するとなるとなかなか手放せない。だからこそ、創業者の想いを受け止め、冷静に事業承継をサポートするコンサルタントの役目は重要なのだと思う。

■社長の権限移譲項目・業務責任整理一覧表

○デイリー、ウイークリー、マンスリーの各業務は、具体的な表現にする。
○後継者に移譲する業務では、「どこまでやるべきか達成基準」まで記載しておくと後継者はイメージしやすい。
○「後継者に移譲する期限」はおよその予定年を記入する。

		社長のデイリー決裁・判断業務	どこを注意して決裁判断するか（重点ポイント）	後継者に渡す期限、渡さない場合は×	社長のウイークリー決裁、判断業務	
一般業務（会長・社長でなくてもよい業務・作業名・実務業務名）	1	日々の備品類購入		すぐ渡す		今週の授業予定チェック
	2	テキスト等購入	収録レベル内容の確認	選定は当面行う。購入作業は渡す		先週の授業消化率の確認
	3	授業料請求処理	コマ数増減生徒は、各生徒ファイルから確認の上、登録	当面実施	月	
	4	アルバイト講師のシフト等決定	前月末までに、講師に振替等予定を聞き、前後の自習室やフォロー学習シフトを決定	2024年から渡す		
	5	自習室利用や成績アップ率の上位者名貼り出し作業		次回から渡す		
	6	教室掃除、定期的カーペット清掃		すぐ渡す	火	
	7	自習カリキュラム作成	日々の授業報告から、各生徒の習熟度を測ったうえで作成	2023年から渡す		抜き打ち授業チェック
	8	体験授業実施講師のアテンド	保護者ヒアリングをして、マッチしそうな講師の選定	2024年から渡す	水	
マネジメント業務（指示・管理・部門間調整・会議等）	1	入塾希望者への対応	先方ニーズの詳細を聞き取り，課題と当塾での対応策を必ず伝える	2023年から徐々に渡す		
	2	退塾予兆者への対応	個別に声掛けし、予兆内容を確認するとともに、予兆内容別に対応	2024年から徐々に渡す		抜き打ち授業チェック
	3	アルバイト講師の面接	言葉使いと面接態度を確認し、履歴によって、学力テストを実施	当面実施	木	
	4	三者面談	子どもと話す時間を8割とる	2024年から同席させる		
	5	アルバイト講師への対応	日々の講師行動を把握し、ワンポイントアドバイス	2024年から渡す		抜き打ち授業チェック
	6	授業日報確認	進捗確認及び正しい指導がされているかの確認	当面実施するが、2023年から分担を渡す	金	
	7	生徒同士のトラブル対応	自白型とし、上から目線での注意をしない	当面実施		
	8	保護者対応	明確な回答、誇張表現禁止、担当講師からの事前情報収集必須	2024年から徐々に渡す		広告宣伝効果などのチェック
（改善・企画立案・計画）創造的業務	1	広告効果測定と媒体選定	問い合わせ別などを集計し、反応のよいものを時期に集中して広告	2023年から渡す	土	来週の授業予定の確認
	2	三者面談からの保護者からの要望への反映検討	保護者要望で、汎用できる内容を取り入れ	当面実施		
	3	成績低迷生徒の授業日報確認による授業計画アドバイス	日報を熟読し、予兆をつかむ	2024年から分担	日	授業日報未読があれば、すべてに目を通す
	4	同業者との交流による業界動向をF塾に反映する検討	大手同業の動向をつかみ、自塾へ活かす	当面実施		

記入日	2022年9月5日
会社名	株式会社F塾
役職・氏名	小城麻友子

どこを注意して決裁判断するか（重点ポイント）	後継者に渡す期限、渡さない場合は×	社長のマンスリー決裁、判断業務	どこを注意して決裁判断するか（重点ポイント）	後継者に渡す期限、渡さない場合は×
席数は9割超の使用となっていないか確認	当面実施	月初　前月振替未済の有無のチェック	振替未終了生徒の有無を確認	2024年から渡す
振替未済は、早めに声掛けをする	2024年から渡す	収納代行会社に授業料引去指示	コマ数増減生徒は、各生徒ファイルから確認のうえ、登録	当面実施
		税理士月次監査	月次業容の確認。相談事項は事前にメモしておく	当面実施
		中旬		
指導姿勢や内容に問題がないかを確認し、あれば講師にアドバイス	2023年から渡す	下旬から月末　各生徒の授業消化率の確認	欠席で消化できていない生徒の有無を確認	2024年から渡す
		支払決裁	不必要・無駄がないかを確認	当面実施
指導姿勢や内容に問題がないかを確認し、あれば講師にアドバイス	2023年から渡す	会長・社長のスポット決裁、判断業務	どこを注意して決裁判断するか（重点ポイント）	後継者に渡す期限、渡さない場合は×
		1　2月：来期のアルバイト可否を講師に確認	卒業年度の生徒以外で、辞める場合がある。就職活動年次学生は要注意	当面実施
		2　2月末～3月：当年の受験結果による広告宣伝	チラシやHP記載内容の文言等のチェック	2023年から徐々に渡す
指導姿勢や内容に問題がないかを確認し、あれば講師にアドバイス	2023年から渡す	3　4月：三者面談	1年間の計画、道のりを伝える	2024年から同席
		4　7月：三者面談	定期テストをふまえて、場合によっては厳しい現実を伝える	2024年から同席
		5　8-9月：決算対策	資金繰りと対策の兼ね合い	当面実施
大きい金額を出したときは、反応チェック	2023年から渡す	6　11月：役員報酬額・事前確定給与額決定、昇給決定	次年度計画と資金繰りを考えたうえで決定	当面実施
体験授業の有無など、全般予定確認	2023年から渡す	7　12月：三者面談	ラストスパート対策を伝える	2024年から同席
日報から生徒の状況を把握	2023年から徐々に渡す			

■現社長の職務権限移譲項目の整理表

会社名（株式会社Ｆ塾）
作成者（小城麻友子）

① 現社長が今、どういう業務を直接行っているか、直接の権限として決裁・決定しているかを整理する。
② 各業務の大まかな内容を表現する（後継者に理解してもらうため）。
③ 各職務権限から、この１年間で業務移管、責任移管したい項目をＣ、Ｂ、Ａの３段階で決める。
④ 　　　〃　　　今後３年以内で業務移管、責任移管したい項目をＣ、Ｂ、Ａの３段階で決める。
⑤ 上記③④の検討段階では、現社長と後継者または第三者を交えて行うとスムーズにいく。

当面自分がやらねば問題になる（ややこしくなる）	C
少しは後継者に経験を積ませてもよい（一緒にやるほうがよい）	B
後継者に任せたほうがよい	A

	①現社長が現在、直接の権限で実施していること	②大まかな内容	1年以内	3年以内
1	教材の選定	各生徒にあった教材の選定	C	C
2	教材の購入	選定した教材の購入	A	A
3	授業料請求処理	収納代行サイトへの登録	C	C
4	上位者名貼り出し作業	自習室利用率・成績アップ率の上位者の月ごとの名前貼り出し作業	A	A
5	アルバイト講師のシフト決定	学生アルバイト講師のシフト管理	B	A
6	自習カリキュラム作成	各生徒の自習用カリキュラムの作成	B	A
7	入塾希望者への対応	入塾希望者との面談	B	A
8	アルバイト講師の面接	アルバイト希望者への面接・筆記試験	C	C
9	三者面談	子どもと保護者との定期試験後の面談	C	B
10	授業日報確認	講師からの進捗等の日報の確認	C	B
11	生徒同士のトラブル対応	生徒同士の喧嘩仲裁	C	C
12	広告効果測定と媒体選定	定期的に広告レスポンスの確認。確認後の媒体選定	A	A
13	同業者交流と情報収集	同業者との会食で業界動向の情報収集	C	C
14	税理士月次監査	帳簿の監査。業績確認。相談	C	C
15	生徒の授業消化率確認	欠席で未消化がないかどうかの確認	B	A

6. 経営判断基準づくり

（1）現社長へのヒアリングから得られた基準

「経営判断基準」作成の当初、Ｔ社長に判断の材料やポイントの有無を聞いたところ、「あまり意識していないから、すぐ浮かばない」と話していた。多くの場合、最初はそんな返事である。

だが、筆者が事前に用意した基準の項目を伝えたところ、「○○に関連して、△△もある」と、追加で複数の項目を出してきた。

特に印象深く感じたのは、【保護者対応基準・三者面談基準・退塾予兆の対応基準】であった。

学習塾業界で、授業品質やカリキュラムについてのマニュアルの作成は想定されるが、保護者対応の基準を用意しているところは少ないようである。このなかでも特に印象的であった【三者面談基準】について記していきたい。

筆者が同基準のヒアリングで驚いたことは、「保護者と生徒への話しかけ時間の配分」であった。Ｔ社長は、生徒８割・保護者２割を基準としている。筆者の経験では、塾での先生との面談は、保護者に対する報告等が９割で、最後に子どもに「頑張ろうね……」と話しかけられる程度であったからだ。

そこで、Ｔ社長にとっての三者面談の定義が、筆者が思うものと違うのではないかと考え、質問をした。

「三者面談を、どのような場と考えていらっしゃいますか？」

Ｔ社長の回答は次のようなものであった。

「保護者への報告の場ではなく、なぜ塾での勉強が必要なのかを子どもに考えてもらうための時間です」

生徒の指導をするなかでＴ社長が痛感しているのは、成績の上がる子と停滞したままの子の違いは、本人の意欲と意思であるそうだ。つまり、モチベーションである。その土台を本人の中に作らせることが重要であると考え、Ｔ社長は子どもとの対話の場を重視している。

子どもとの対話重視の姿勢は、現在通塾中の生徒からの学びと、Ｔ社長の過去の多くの経験から生まれた基準である。

■経営判断・教室品質基準・生徒拡大・収益拡大　参考カテゴリー

	経営判断項目	経営判断の基準と内容
1	広告媒体別に関する基準	①媒体選択 ●保護者世代の目に留まる媒体を選択する ●ネット（Google広告）、駅看板、チラシ ②広告時期 ●Webでクリック数の多い時期（定期テスト前、夏・冬の休み前）に出す ③媒体別問い合わせ数確認 ●何を見て問い合わせたのかを確認し、集計することで、①や②の判断基準を更新する
2	チラシ配布基準	①時期の選択 ●定期テスト終了時など、保護者が「うちの子をナントカしないと…」と思うタイミング ②配布方法 ●ターゲット地域ごとに、過去反響があった方法をまず行う。併せて、塾の外ドアにもチラシを置く ③配布地域 ●線路を挟まないで通学可能な地域を中心に撒く
3	ホームページ情報掲載基準	①先生紹介ページの充実 ●原則、全員の先生の写真と簡単な経歴を掲載（許可はとる） ●各講師の優秀さと潤沢な講師人数をアピール ②講師の顔出しを断られた時 ●仮画像で掲載する。断られた場合は何か理由があるので、要注意として観察が必要 ③成績アップ情報の充実 ●ビフォーアフターとして、期間と具体的な点数・偏差値を列挙
4	保護者対応基準	①保護者からの質問に対して、明確に回答する ●明確に…とは、自信をもった言い切りの言葉を使うこと ②誇張表現は避ける ③クレーム的な内容の場合は、先方の話をまず聞いて、当方に非があれば謝罪し、対応を伝える ④無謀なことを言われた場合（例：授業数は増やしたくないが、成績アップをさせてほしい。無理なレベルの希望校に合格させてほしい）、生徒の現状を成績等の見える形で、明確に伝える ⑤保護者からの信頼を勝ち取る場にする ●売上増加のためのコマ数アップ依頼ではなく、生徒のためになることを考えた提案を自信をもって行う ⑥上記⑤のためには、保護者との話の前に、担当講師から情報収集し、伝えるべき内容をあらかじめ決めておく
5	学生バイト採用基準	①面接時の言葉遣いが、学生として適切か、礼儀正しい対応ができているか、質問に対して、自分の考えを話せるかどうか ②部屋に入ってきたときの印象に、違和感を感じないか ③推薦試験や内部進学の場合は学力テストの実施
6	正社員採用基準	①中途の場合、教育産業の経験があるかどうか（未経験も可能だが、学力テストの実施） ②言葉遣いや、面接時態度が社会人として違和感のないものであるか。保護者目線で見た時に、信頼ができそうな雰囲気を感じられるか ③（学生よりも少し突っ込んだ）質問に対して、自分の考えを話せるか。自分の考えに反論されたときの態度の確認（切れやすくないか、相手の言いたいことを理解しようとしているか）

	経営判断項目	経営判断の基準と内容
7	学生バイト指導基準	①個別指導の仕方 ●生徒の課題を明確にさせる ●一方的な授業にならないように、最後にわかったかどうかを質問し、「わかった」という場合は生徒に理解した内容を言わせる ②アシスト学習、自習室でのかかわり方 （イ）巡視を行う ●鉛筆の動きを確認し、動きが止まる場合は声をかける ●問題や課題の着手の順番を伝えさせる（例：英単語がわからないのに、読解からやらせてはダメ） （ロ）生徒が自分で行った丸つけの確認をするときは、ある程度区切ってちょこちょこ行う。最後に一気にやろうとすると、全員分を一気に見なければならず、生徒が手持無沙汰になってしまう ③生徒の課題をどのくらい見つけられるかが腕の見せ所ということを伝えて、観察させる
8	授業品質チェック基準	①未経験など不安がありそうな場合には、室長が模範講義を行い、学生バイトがプレ講義をする ②室長及び後継者の手が空いた時に、子どもの様子を見がてら、授業をチェックする ●授業後に、内容や姿勢について講師にアドバイスする ③担当講師には、本日授業の内容等の報告書を記載させる。随時室長が確認して、内容について口頭で講師に指導する
9	三者面談基準	①保護者よりも子どもへの話しかけを行い、子どもに塾での勉強の必要性を感じてもらう（8割子ども向け、2割保護者向けで話をする） ②対保護者については、4の保護者対応と同様 ③持ち時間を決めていることと、保護者によっては同じことの繰り返しになるので、時間内で話を完結させる
10	自習の際の個人カリキュラム作成基準	①次回定期テストの範囲を意識した内容にする ②基礎力定着内容は、全員全教科必須 ③学校によって進捗度合などが違うので、生徒に情報収集を必ず行う
11	途中の退塾予兆の場合の対応基準	①自習・教室利用が少ない場合 ●当塾のよさの活用ができていないため、個別に理由を確認する ●物理的に来られない事情がある場合は、家庭内学習の方法を指導する。来られない理由はないのに来ない場合は、まず来るように指導（声掛け）する。それでも改善しない場合は、時間を作って面談する ②成績が上がらない場合 ●学習の方法をおさらいし、改善方法を伝える ●場合によっては無料で授業を増やして、できていない点を室長自ら確認する ●塾側で課題把握の欠如や誤りがないかどうかを確認する ③2回の試験で成績が上がらない場合は、要注意。面談等を行い、早急に原因を確認する
12	入塾希望者、体験授業へのアプローチ基準	①子どもの状況と保護者のニーズ・課題を把握し、それに合わせて課題を明らかにし、その課題に対して当塾で対応できる内容（＝解決策）を具体的に説明する。具体的にがポイント ②子どもが体験授業をしている間に、保護者への説明を行うことが通常である。子どもは担当の先生に、楽しく授業を受けてもらい、楽しかった！と言ってもらえるようにし、保護者には上記①の課題を明確にし、具体的対応策を示すことで、室長が最終的に入塾をすすめる

1

2

3

4-1

4-2

4-3

4-4

	経営判断項目	経営判断の基準と内容
13	授業クレームへの対応基準	そもそも少ないが、クレームがあった場合は下記のように対応する ①保護者のお願いに気持ちよく、かつ迅速に対応する（ノーという前に、できる範囲内で提案する） ②授業の振替を100%できるようにする ③子どもたちに気持ちよく通ってもらうため、率先して子どもたちへの声掛けをする。時には、ちょっとしたおやつをあげる ④よくある個別指導塾トラブルは、時間割の記入間違い、振替日程のお伝え漏れ ●保護者スマホで、授業スケジュールをリアルタイムで見れるシステムを導入し、皆無にしている。学習予定は紙で出すが、前月のうちに確実に渡す
14	生徒同士のトラブル時の基準	①双方を呼んで自白型で指導する。こちらが決めつけて、上から目線で指導しない （例：教室で口喧嘩がエスカレート。なぜ喧嘩になったのか、発端は何かを双方から聞き、言い分のすり合わせをさせる。その上で、ここは何をする場所なのか？　なんで呼ばれて話をさせられているかわかるか？　を聞いて、何がいけなかったのか、どうしたらいいのかを、双方に発言させる）

7. 事業承継見える化コンサルティングの評価と総括

（1）現社長が認識した会社の問題点と特性

　T社長からは、この事業承継見える化コンサルティングを通じて得たこととして、2つの事項があったという。

　1つは、「後継者にはまだ無理と決めつけて、自分で業務を抱え過ぎていた。もう少し任せていかないと、後継者は経験不足のままである。後継者が経験不足な理由は、自分にもあったこと」に改めて気がついたこと。

　もう1つは、自分が当たり前と思ってやってきたことが、コンサルタント（筆者）や後継者からのコメントで、F塾の差別化項目になっていると改めて認識することができたということである。

　さらに、単に作業として、何をいつ渡すかの整理だけでなく、会社全体としての方向性・優位性・具体的な展開の整理にもなり、またそれを後継者に伝えられたことはとても有意義であったという。

　筆者も、月次の帳簿監査で訪問すると、T社長が後継者を叱責をしていない月

はないというぐらい、後継者に対する塾実務の厳しい指導姿勢を見てきた。

またコンサルティングで話を進めるなかでも、後継者へのダメ出しが堰を切ったように多く出てきて、

● 移譲計画に基づいて権限の移譲ができるのだろうか

● 後継者がもう辞めたいと言い出さないだろうか

と、内心少し不安であった。

だが、後継者も一連のヒアリングやコンサルティングのなかで、なぜ自分が叱責を受けたのかを理解し、社長である父がどのような想いをもって生徒に接し、どうしていきたいのかを長時間、論理的に聞くことで、その気持ちを理解し、自分なりに咀嚼し成長できたようである。

また、T社長も後継者に対し、心の奥では信頼も期待もしているのに、それが行動や言動に出ておらず、後継者の成長のための機会を自ら潰してしまっていたことに気がついたようだ。

このコンサルティング後も、後継者が叱責されている現場を見たが、T社長はただダメを出すだけでなく、その理由や「自分ならこうする」ということも併せて伝えるように変化した。

また後継者も、以前はT社長からダメ出しがあれば、返事をせずに黙ってやり直しをするだけだったが、「またか……」という雰囲気を出しつつも、やり直しの仕方などについて、自分から質問をするようになった。

T社長も後継者も、すぐに劇的には変われないようだが、よい方向に進めるための土台を、今回のコンサルティングで築くことができた。

（2）事業承継見える化コンサルティングの成果

今回の事業承継見える化コンサルティングの目に見える成果物は、事業承継のためのカレンダーや運営判断基準、権限移譲計画などである。同時に、T社長のコメントにもあるように、その成果物作成に際して、社長と後継者の悩みを話してもらうことで、社長と後継者の双方に気づきが生まれたことが、特筆すべき点である。

社長も後継者も、相手に対する期待と希望がある一方、不満やいらだちがある。

それを本人達だけで話して進めようとすると、親子喧嘩になってしまいがちである。場合によっては、ヒートアップして、「後継者がもう無理」と会社を飛び出してしまうこともあったかもしれない。

だが、そこに第三者（筆者）がいるだけで、双方に自制がかかるため、プチ親子喧嘩になっても、決定的亀裂は生じない。

このコンサルティングは、素直になれない親子の喧嘩仲裁機能の面も持つということを改めて痛感した。

筆者は饒舌に話すのも、うまく聞くのも、仲裁も特段得意なわけではないが、なぜか相手がしゃべり始める。顧問先だけでなく、金融機関の営業マンなども、自分の愚痴や業界の在り方などの突っ込んだ意見を話してくる。今回の事例でも、現社長と後継者はいろんなことをストレートに話してくれたことで、どこに問題があるのか、どういう点がよいのか、それらの整理におおいに役に立った。

また、一般的コンサルティングでは宿題が課されることもあるが、このコンサルティングでは、社長と後継者は、所定時間を確保するだけである。筆者からの質問に対して、いま頭の中にあるもの、心の中にあるモヤモヤを話してもらうと、筆者がそれを文字にして、その場である程度の成果物が出来上がる仕組みだ。

半年間程度続くコンサルティングは、それが宿題満載だと、日々多忙な経営者はやる気十分でも続かないことが多いが、この事例ではそういった挫折はなかった。

さすがに夏期・冬期講習中は時間確保が難しかったが、毎日25時まで働くＴ社長も、対面やウェブを駆使して最後までお付き合いいただくことができ、成果に結びつけることができた。

❷「Y機械工業」の事業承継

―― 女ヶ沢 亘（女ヶ沢亘税理士行政書士事務所 代表）

1. 企業概要

株式会社Y機械工業は、群馬県において金属加工業及び塗装業を営む。

従業員は80名、会社は創業70年を迎え、経営権は2年前に父（3代目）から長男（4代目）へ移譲され、現在は2人代表取締役制（父は代表取締役会長）をとる。

会長には3人の子どもがいるが、いずれも当社に勤務している。また、海外に関連会社（金属加工業）があり、海外関連会社の社長は2年前に現会長から次男に承継されている。

親族社員の状況は、以下のとおりである。

長男……株式会社Y機械工業代表取締役社長、経営全般を担当

次男……株式会社Y機械工業取締役兼国際事業部長、海外業務の責任者、海外関連会社ではCEO

長女……株式会社Y機械工業取締役、経理総務業務補助

長女夫…株式会社Y機械工業取締役兼塗装工場長、塗装部門の責任者

2. コンサルティングの経緯

長女夫婦は独立志向が強く、別会社設立により、将来的には別資本にしたいという希望がある。話し合いの結果、この希望を受け、分社を予定。次年度中に塗装業部門を分社独立させ、塗装部門の責任者である長女夫を同社社長とし、長女はその会社の経理総務の責任者となる方針。

Ｙ機械工業の現状は、売上高の75％が半導体関連であり、最近の業績は売上高、利益共に過去最高額を更新している。ただし、シリコンサイクルという半導体事業特有の業績の浮き沈みの周期が見込まれ、取引先企業の生産計画動向を常に注視している。一方で生産能力増強は事業拡大のチャンスとも考え、3年後にすでに購入済の土地に新工場を設立する計画を立て、現在はその投資計画の精査中である。

　経営のかじ取りは2年前に現社長（長男）に委ねられており、「社長はそれなりにうまくやっている」というのが会長の評価である。

　一方で、会長は社長に対し、「投資判断、資金調達、資金の使い方といったお金にかかわる経営判断がその場の思いつきでなされているのではないか」、また「激情型で感情のブレが大きく、一時の感情に流され、経営判断でそのうち大きな失敗をするのではないか」といった不安が解消できないとの悩みを打ち明けられた。

　社長からは、現幹部はいずれも自分より高齢であり、現幹部から次世代幹部への職務権限移譲をどう進めたらよいかといった相談を受けていた。

　以上をふまえ、今回の事業承継見える化コンサルティングの主要課題の設定は以下の3つとした。

● 事業承継のスケジュール化により、やるべきことを明確にすること
● 経営幹部の職務内容の洗い出しと権限移譲方針を確立すること
● 社長の経営判断のブレを極力なくせるように、基本方針を明確にすること

---

3. コンサルティングのスケジュール

スケジュールは以下とし、おおむね 9 か月間のプロジェクトとした。
（148 ～ 149 ページ参照）

1

2

3

4-1

4-2

4-3

4-4

■事業承継見える化コンサルティング　スケジュール

実施項目		3月		4月		5月	
		前半	後半	前半	後半	前半	後半
事業承継10か年カレンダー	(1)第1回ヒアリングと指導（会長、社長と一緒に） ●会長、社長に「事業承継10か年カレンダー」の説明と了承 ●「事業承継50のチェック」ヒアリングの実施						
	(2)第2回ヒアリングと指導（社長のみ） ●個人年齢と役職予定の記入 ●売上概算予定確認 ●経営の基本方針確認 ●今後の各経営基本方針の確認						
	(3)第3回ヒアリングと指導（社長のみ） ●事業ドメインの整理 ●ドメインに応じた役員幹部の役割責任の整理						
	(4)第4回ヒアリングと指導（会長、社長と一緒に） ●財産相続承継関連、資金関係の確認 ●「事業承継10か年カレンダー」の会長への説明						
職務権限移譲計画	(1)第5回ヒアリングと指導（経営幹部個別） ●経営幹部毎の職務権限・仕事分析						
	(2)第6回ヒアリングと指導（経営幹部個別） ●経営幹部毎の職務権限移譲計画の整理と確認、計画表の記入① ●現状の権限や社内の問題点の整理①						
	(3)第7回ヒアリングと指導（社長と経営幹部） ●経営幹部毎の職務権限移譲計画の整理と確認、計画表の記入② ●現状の権限や社内の問題点の整理②						
経営判断基準づくり	(1)第8回ヒアリングと指導（会長、社長と一緒に） ●会長、社長に他社の経営判断基準の解説と作成フォームの解説 ●会長による経営判断基準項目の整理 ●経営理念から行動規範の確認						
	(2)第9回ヒアリングと指導（会長、社長と一緒に） ●行動規範の整理 ●経営判断基準項目の整理および追加検討						
	(3)第10回ヒアリングと指導（会長、社長と一緒に） ●経営判断基準の内容確認① ●会長と社長の判断基準ディスカッション						
	(4)第11回ヒアリングと指導（会長、社長と一緒に） ●経営判断基準の内容確認② ●経営判断基準の文言のチェックと修正 ●経営判断基準の会長と社長との判断基準読み合わせ						
確認	(1)第12回ヒアリングと指導 ●「事業承継10か年カレンダー」の最終チェックと修正確認 ●職務権限移譲計画の修正確認 ●経営判断基準の修正確認						

会社名	㈱Y機械工業
担当名	女ヶ沢 亘

6月		7月		8月		9月		10月		11月	
前半	後半	前半	後半	前半	後半	前半	後半	前半	後半	前半	後半
░	░										
		░	░								
				░							
					░						
							░				
									░		
										░	
											░

4. 事業承継 10 か年カレンダー

事業承継見える化コンサルティングのスタートは、同コンサルティングの基本となる「事業承継 10 か年カレンダー」の作成から始めた。これにより、時間軸をベースにやるべきことを確認していく。事業承継 10 か年カレンダーの作成にあたり、主要なイベントは以下 4 点である。

- ● 会社分割（塗装部門を分社し別会社を設立）
- ● 会長の代表権の解消。3 年後をめどに 2 人代表制を終了、社長に全権移譲
- ● 新工場設立の資金計画策定等の準備
- ● 現幹部の権限移譲と新しい役割の設定

（1）会社分割について

会社を分割することは、企業の価値を落とすことにつながりかねないとの意見があるなかで、長女夫妻は別資本化への希望が強く、それぞれ責任を持って経営していくことで、同族内のわだかまり解消と長女夫妻のモチベーション向上につながることを重視し、分社化を決定した。分社は塗装部門切り離しであり、工場も別であったことから、人材的な影響も最小限で抑えられると判断した。

一方で、たとえ分社してもグループ全体の企業価値を落とすことのないよう、お互いに協力しあえる関係性の維持は重要課題である。

塗装ができる金属加工業は当社の強味であり、分社により強味を失う懸念は大きい。分社後もお互いに営業面などの支援をしあえる協力体制の構築について、別途記載の経営判断基準書にも「協力体制の構築に関する事項」を定めることにした。

（2）会長の代表権の解消について

社長業の承継は 2 年前に実施済みである。このタイミングでの承継は、現会長の病気が発覚したことに起因したものだった。

　不安のなかで長期療養に入った現会長を支え、新社長は社長業に悩みながら社業に邁進し、この2年間で社長としての職務権限はおおむね移譲できた。社長自身も社長業に手ごたえを感じているようだ。

　一方で、会長はバリバリ働くことを生きがいにしてきた仕事人間であり、急病によって予期していなかった実質的な引退状態となってしまい、ビジネスへの不完全燃焼を感じていた様子である。

　また、会長は、先に記載したように、社長がいつかお金に関することで経営判断を誤るのではないかという不安を抱いている。

　これらの想いを共有して話し合いをした結果、会長の代表取締役としての職務遂行に悔いを残さないための必要な期間として、また会長の経営判断を共有するため、経営判断に関する不安を解消するための必要な期間（代表取締役辞任までの期間）として、会長の代表取締役辞任の期間を3年後と決定した。

（3）新工場設立について

　新工場への投資額は15億円を見込み、同社としては一大プロジェクトとなる。新工場は少人数でのオペレーションが可能なロボット工場となる見込みで、量産品中心の夜間自動製造が可能となる。

　同社の業績は好調ながら、主力事業である半導体関連事業はシリコンサイクルの業績の浮き沈みも検討しなくてはならない。投資を控えることが無難とも思えるが、10年後を考えたとき、思い切った新工場への投資は、他社と差別化可能な大きな資産となると考えている。現状は、3年後の新工場完成に向けて投資計画の作成と実現可能性の検証等を始めている。

（4）現幹部の権限移譲と新しい役割の設定について

　現幹部は現在の各業務の責任者として代役がいない状態である。

　一方で会社は新工場の設立予定もあり、幹部には管理者としてより一層レベルの高い役割を担ってもらいたいと考えている。また、現幹部の年齢は50代後半であることもあり、今後数年間で現状の業務を後継する部下に権限移譲する方針とした。現幹部には上記趣旨の理解と共に、まずは現状の業務の棚卸及び各業務の後継候補者の選定を依頼することとした。

■事業承継10か年カレンダー（長期計画）

		2022年（現在）	2023年	2024年	2025年	2026年
役員年齢（同族）	会長	75歳	76歳	77歳	78歳	79歳
	会長妻	71歳	72歳	73歳	74歳	75歳
	長男	40歳	41歳	42歳	43歳	44歳
	次男	37歳	38歳	39歳	40歳	41歳
	K（非同族）	60歳	61歳	62歳	63歳	64歳
	長女夫	43歳	44歳	45歳	46歳	47歳
	長女	43歳	44歳	45歳	46歳	47歳
幹部年齢（非同族）	K（非同族役員）	60歳	61歳	62歳	63歳	64歳
	A部長	57歳	58歳	59歳	60歳	61歳
	O部長	54歳	55歳	56歳	57歳	58歳
	D課長	45歳	46歳	47歳	48歳	49歳
	F課長	44歳	45歳	46歳	47歳	48歳
	H課長	30歳	31歳	32歳	33歳	34歳
職責	会長	代表取締役会長	代表取締役会長	代表取締役会長	会長	会長
	会長妻	監査役	監査役	監査役	監査役	退任
	長男	代表取締役社長	代表取締役社長	代表取締役社長	代表取締役社長	代表取締役社長
	次男	取締役兼関連会社社長	取締役兼関連会社社長	取締役兼関連会社社長	取締役兼関連会社社長	取締役兼関連会社社長
	K（非同族）	取締役	取締役	取締役	取締役	取締役
	長女夫	取締役	退任・関連会社社長	関連会社社長	関連会社社長	関連会社社長
	長女	取締役	退任・関連会社取締役	関連会社取締役	関連会社取締役	関連会社取締役
業績	売上（グループ全体）	2,500,000	2,530,000	2,552,600	3,075,734	3,276,363
	売上（機械加工業）	1,500,000	1,500,000	1,500,000	2,000,000	2,200,000
	売上（塗装業）	200,000	分社→分社後関連会社へ			
	分社後関連会社		210,000	212,100	214,221	216,363
	海外関連会社	800,000	820,000	840,500	861,513	860,000
	連結経常利益率	5%	6%	7%	7%	8%
継栄基本方針		●同族承継をベースに同族のなかから経営者資質の有無を見極め、ベストなリーダーに経営を ●一方で独立意欲に考慮し、分社、別資本体制も検討する。ただし、同族間の関係性を大切に				
基本政策	分社	塗装部門を分社し、長女夫妻に経営を委ねる。				
	海外会社との関連	海外関連会社への製造委託は減少を検討するが、海外関連会社はY機械工業の海外戦略の強み				
	主要取引先関係強化	工作機械大手の（先方担当者からのヒヤリング、中期計画やプレスリリースから）経営状況を				
	新規開拓	工作機械の世界受注の谷に備え、精密加工機以外の分野の拡充を図る。				
	持株会社への移行	Y機械工業及び海外関連会社、新設法人等の持株会社設立による効率的なグループ経営への移				
	その他	海外製造から国内製造への製造回帰を検討。海外調達比率と国内調達比率を見直す。海外関				

	㈱Y機械工業	作成者 会長・社長・取締役・女ヶ沢
		作成時期：2022年5月

単位千円

2027年	2028年	2029年	2030年	2031年	2032年
80歳	81歳	82歳	83歳	84歳	85歳
76歳	77歳	78歳	79歳	80歳	81歳
45歳	46歳	47歳	48歳	49歳	50歳
42歳	43歳	44歳	45歳	46歳	47歳
65歳	66歳	67歳	68歳	69歳	70歳
48歳	49歳	50歳	51歳	52歳	53歳
48歳	49歳	50歳	51歳	52歳	53歳
65歳	66歳	67歳	68歳	69歳	70歳
62歳	63歳	64歳	65歳	66歳	67歳
59歳	60歳	61歳	62歳	63歳	64歳
50歳	51歳	52歳	53歳	54歳	55歳
49歳	50歳	51歳	52歳	53歳	54歳
35歳	36歳	37歳	38歳	39歳	40歳
会長	会長	会長	会長	会長	会長
代表取締役社長	代表取締役社長	代表取締役社長	代表取締役社長	代表取締役社長	代表取締役社長
取締役兼関連会社社長	取締役兼関連会社社長	取締役兼関連会社社長	取締役兼関連会社社長	取締役兼関連会社社長	取締役兼関連会社社長
常務取締役	常務取締役	常務取締役	常務取締役	常務取締役	顧問
関連会社社長	関連会社社長	関連会社社長	関連会社社長	関連会社社長	関連会社社長
関連会社取締役	関連会社取締役	関連会社取締役	関連会社取締役	関連会社取締役	関連会社取締役
3,320,527	3,369,932	3,417,581	3,464,477	3,514,622	3,565,018
2,222,000	2,244,220	2,266,662	2,289,329	2,312,222	2,335,344
218,527	220,712	222,919	225,148	227,400	229,674
880,000	905,000	928,000	950,000	975,000	1,000,000
8%	8%	9%	9%	9%	10%

委ねる。
し、情報等を共有する仕組みを構築する。

であり、関係は継続・強化を進める。

注視し、先方への提案営業を含め、一層の関係性強化につとめる。

行を検討（5年をメドに実行）する。

連会社は現地営業の推進により拡大を図る。

		2022 年（現在）	2023 年	2024 年	2025 年	2026 年
事業ドメイン（領域）・経営戦略		機械部品加工（量産・リピート型）→受注量の増加			新工場による量産型の（夜間）自動	
		機械加工（試作品製造）→シェアの拡大へ			技術者の技能を高め、難易度の高い	
		半導体関連事業（必要な設備投資を準備、タイムリーに投資する）				
		YY テック（新製品開発）→楽しみながら拡大させる				
経営幹部毎基本役割責任	会長	経営全般 (業界団体・社長からの相談業務・工場視察等)			株主総会に参加・同族間の意識（権	
	会長妻	監査業務（監査役規定にのっとった監査と内部統制のチェック）			後任監査役へ引き継ぎ	退任
	長男	経営全般の統括責任				
	次男	Y 機械工業の国際事業部長兼取締役・海外法人では CEO として経営全般の指揮をとる				
	K 取締役（60 歳）	取締役営業部長			取締役営業統括責任者	
	A 部長（57 歳）	経営管理部長として人事・総務・製造進捗確認業務			経営管理統括責任者	
	O 部長（54 歳）	品質管理部長				
	D 課長（45 歳）	営業課長			営業部長	
	F 課長（44 歳）	経営管理課長			経営管理部長	
	H 課長（30 歳）	品質管理課長			品質管理副部長	
資金対策	退職資金、相続税資金、大型設備投資等	会長・会長妻の退職金は付保付	長男・次男退職金付保開始	新工場建設開始	会長の退職金支給	会長妻の退職金支給
相続税対策	遺言書、贈与、相続対策	● 会長・会長妻の遺言書作成 ● 株式承継計画の立案	株式承継計画の確立	自社株式を計画的に長男・次男へ		
金融対策	金融機関対策、調達、借入、保証		経営者保証全廃	新工場の建設資金調達		
その他承継に関する予定		● 事業承継 10 か年カレンダー作成 ● 取締役職務責任文書化 ● 幹部の職務権限委譲契約の作成 ● 経営判断基準書の作成	K 取締役・A 部長・O 部長の職務をそれぞれ課長へ計画的に移譲		O 部長に海外業務担当を打診（意向確認）	

2027 年	2028 年	2029 年	2030 年	2031 年	2032 年
製造による生産量増大					
製造業務を請け負えるようにする					
YY テックの拡大及び分社化					
利と義務）の調整、社長や関連会社社長の相談役					
常務取締役として社長補佐業務・海外法人統括（専務になる可能性あり）					全般相談業務
取締役製造部長兼製品別最適製造拠点づくり（サプライチェーンの見直し）（常務になる可能性あり）					
品質管理統括責任者兼海外の品質管理統括バイスプレジデント（常務になる可能性あり）					
品質管理部長					
K 取締役・A 部長・O 部長退職金付保開始					常務の退職金支給
	株式の移転完了	持株会社への移行			
新役員組織の発足	持株会社の各種ルールづくり				

5. 職務権限移譲計画

　本来なら現経営者と後継者に職務権限移譲を明確にすることになるが、本事例ではすでに権限移譲が進んでいたことから、**役員及び部長クラスの部門後継者育成にフォーカスした。したがって、権限移譲項目も実務中心である。**

　本事例では、各幹部について、現業務の実務の洗い出し及び後継者の育成計画の策定を行った。各幹部の状況は、以下のとおりである。

　● K 取締役……年齢 60 歳、非同族役員、営業部長を兼務

　● A 部長………年齢 57 歳、経営管理部長

　● O 部長………年齢 54 歳、品質管理部長

《K 取締役について》

会長の代を含め、30 年以上も会社を支えてきてくれた功労者。

　主に営業に関し特別な才能があり、フットワークが軽く多くの人脈がある。人的関係性を勘案すると、K 取締役の業務すべてを引き継ぐことは難しい状況。会社としては過去の功労に報いつつ、引き継ぎは営業課長及び課員への営業ノウハウの教育を含めたものとした。

　K 取締役の 1 日のスケジュールを聞くと、顧客からの新規案件の受注判断、外注先選定、新規営業の打ち合わせ……。少しでも時間ができると自ら納品、工場現場で製造状況視察、社員への声かけ等々、やっている業務があまりに多く、休憩時間も社員とのコミュニケーションにあてるほど、常に動いている。

　今回の引き継ぎ対象業務は、営業を中心としたものとした。引き継ぎ先は D 営業課長を中心に行うこととし、K 取締役には、将来常務として全体を見る立場でこれからも活躍してほしいとの考えがあることを社長から伝えた。

　K 取締役の D 営業課長への評価は高いが、忙しすぎて他の営業課員の教育ができる状況にないことから、引き継ぎは急がないこととし、進捗の確認を定期的に行っていくこととなった（158 ～ 159 ページ参照）。

《A 部長について》

勤続 13 年。同業大手からヘッドハンティングで入社。経営管理部長だが、職責は人事、総務、製造管理と幅広く、大口定例取引先も担当している。なんでも

器用にこなしてしまうので、多くの業務がA部長に集中している。

　一方、現状の業務量としては1人でこなすのは無理があり、今回の面談をよい機会として、A部長の業務を分割して引き継ぎを検討することにした。

　現状の業務対応はギリギリで、中途半端な状況となっているのではないかと気になっているとのことだった。引き継ぎは、人事・総務についてはF経営企画課長へ、大口定例取引先の業務はD営業課長を中心に行う方針とした。

　A部長には、将来役員としてサプライチェーン全体のマネジメントを担ってほしいとの考えがあることを社長から伝えた。サプライチェーン全体のマネジメントは、さまざまな業務に対応できるA部長ならではの役割である。

　F経営管理課長への評価は、誠実で気配りができるとのこと、3年以内の業務引き継ぎは問題ないとのことであった。（160 〜 161 ページ参照）

《O部長について》

　勤続25年。大手商社からご両親の介護のため、Uターン転職し入社。一から製造現場の経験を積んだ苦労人。5年前から品質管理の責任者となり、納品前の製品チェックを担う最後の砦。品質管理は配属希望者も少なく、後継者が育っていないという問題点を抱えている。

　一方、業務拡大で製品数が増えており、クレーム数も増加傾向であり、顧客からの品質管理改善報告の提出指示も増え、その対応への悩みも大きい。O部長との面談では、「引き継ぎ準備はできています。ただし引き継ぎ先がありません。一緒に考えてください」という。

　品質管理部門は、昨年J課長が退職したこともあり、後任の引き継ぎは新任課長であるH課長となる。H課長は品質管理の経験は3年程度、まだ30歳と若いこともあり、クレーム対応等で大手クライアントの担当者と渡り合うのは難しいとのことだった。

　また、品質管理の業務面は社内であまり理解されておらず、人員不足の際は他部署から応援を出して対応している。結果として、チェックが甘く不良製品が出荷されてしまうので、二重チェックが必要になり、出荷遅延が起きている。そこで引き継ぎ時に、同部門が抱える問題の解決策も検討していくこととした。引き継ぎは、まずはH品質管理課長を中心に行っていくことにし、同部門に経験者を募集していくこと、O部長にも品質管理の統括責任者として同部門の充実を担ってもらうこととした（162 〜 163 ページ参照）。

■管理職の重点人財・後継者育成計画①

〇本シートは、自事業部、自部門の次世代の後継者をどう育成するかの中期プランである。
〇後継者候補は複数名可。
〇具体的な職務権限移譲計画、業務判断経験の機会づくりを明確に記載する。
〇最終的に後継者の了解のもと、アクションプランとして定期的にチェックする。
〇「現場実務」「チェック・マネジメント」「判断業務」「戦略・計画立案業務」「交渉事」「部下指導」それぞれ、いつま

		あなたが現在担当している実務 （具体的に後継者にもわかる表現で）	誰に任せるか （後継者氏名）	いつまでに任せるか、後継者に任せるため に必要な条件整備（あなたが用意する環境）
現場実務	1	主要得意先の製造見積対応（50件／日）	D営業課長	当面、一緒に判断する。2024年10月以降はD営業課長に独自判断してもらう
	2	出荷時における工程時間の把握（問題点の確認と今後の見積への反映）	D営業課長	当面、一緒に判断する。2024年10月以降はD営業課長に独自判断してもらう
	3	現場工程による工数確認（加工可否等含む）職場長と打ち合わせ（新規部品）	D営業課長	確認作業の手順を確認。2023年4月以降はD営業課長に完全に任せる
	4	顧客への営業活動（既存の客先）情報収集	D営業課長	当面、一緒に判断する。2024年10月以降はD営業課長に独自判断してもらう
	5	新規営業訪問（スケジュール化）	D営業課長 （一部を社長へ）	当面、一緒に判断する。2023年10月以降はD営業課長に独自判断してもらう
	6	協力会社への訪問により情報収集	D営業課長	情報収集のポイントを整理、指導する
チェック・マネジメント	1	月／受注金額の確認・売上件数・金額・材料外注等	D営業課長	売上原価一括管理システムにて日々確認
	2	見積と現物実績の工数と進捗状況確認	D営業課長	売上原価一括管理システムにて日々確認
	3			
判断業務	1	主要得意先からの製造受注判断	D営業課長	当面、一緒に判断する。2023年10月以降はD営業課長に独自判断してもらう
	2	新規外注先選定の判断	D営業課長 （一部を社長へ）	当面、一緒に判断する。2023年10月以降はD営業課長に独自判断してもらう
	3	新規案件の営業担当者からの情報相談（大きな案件）他	D営業課長	当面、一緒に判断する。2023年10月以降はD営業課長に独自判断してもらう
戦略・計画立案業務	1	コスト削減に伴う新規購入先、外注先確保	D営業課長	当面、一緒に判断する。2023年10月以降はD営業課長に独自判断してもらう
	2	営業部年度事業計画作成（数値計画・行動計画）	D営業課長	当面、一緒に判断する。2024年10月以降はD営業課長に独自判断してもらう
	3			
交渉事	1	価格改定による客先との交渉（責任者）	D営業課長	当面、一緒に判断する。2023年10月以降はD営業課長に独自判断してもらう
	2	外注先への価格交渉（責任者）	D営業課長	当面、一緒に判断する。2023年10月以降はD営業課長に独自判断してもらう
	3	主要顧客キーマンとの定期交際、慶弔関係	D営業課長 （一部を社長へ）	当面、一緒に判断する。2023年10月以降はD営業課長に独自判断してもらう
部下指導	1	営業管理（とりまとめ）	D営業課長	毎週進捗状況をとりまとめ、行動計画の進捗報告をさせる
	2	営業部課員とのONE ON ONEミーティング（個別面談）	D営業課長	個別面談に必要なコーチングスキル等を指導
	3	営業会議の推進、決定事項の進捗確認	D営業課長	会議議事録・決定事項を幹部チャットで共有

会社名	株式会社 Y 機械工業
担当部門	営業部
役職名	取締役
氏名	K

でに、何を、誰に任せるか明文化する。

2022 年	2023 年	2024 年	部下承諾印
今期中は K を中心に判断	D 営業課長を中心に判断	➡	D
今期中は K を中心に判断	D 営業課長を中心に判断	➡	D
D 営業課長に任せ、改善点をフィードバック、1 年間で完全に任せる		➡	D
今期中は K を中心に判断	D 営業課長を中心に判断	➡	D
今期中は K を中心に判断	D 営業課長を中心に判断	➡	D
D 営業課長に任せ、改善点をフィードバック、1 年間で完全に任せる		➡	D
D 営業課長に任せ、改善点をフィードバック、1 年間で完全に任せる		➡	D
D 営業課長に任せ、改善点をフィードバック、1 年間で完全に任せる		➡	D
今期中は K を中心に判断	D 営業課長を中心に判断	➡	D
今期中は K を中心に判断	D 営業課長を中心に判断	➡	D
今期中は K を中心に判断	D 営業課長を中心に判断	➡	D
今期中は K を中心に判断	D 営業課長を中心に判断	➡	D
今期中は K を中心に判断	D 営業課長を中心に判断	➡	D
今期中は K を中心に判断	D 営業課長を中心に判断	➡	D
今期中は K を中心に判断	D 営業課長を中心に判断	➡	D
今期中は K を中心に判断	D 営業課長を中心に判断	➡	D
D 営業課長に任せ、改善点をフィードバック、1 年間で完全に任せる		➡	D
D 営業課長に任せ、改善点をフィードバック、1 年間で完全に任せる		➡	D
D 営業課長に任せ、改善点をフィードバック、1 年間で完全に任せる		➡	D

■管理職の重点人財・後継者育成計画②

○本シートは、自事業部、自部門の次世代の後継者をどう育成するかの中期プランである。
○後継者候補は複数名可。
○具体的な職務権限移譲計画、業務判断経験の機会づくりを明確に記載する。
○最終的に後継者の了解のもと、アクションプランとして定期的にチェックする。
○「現場実務」「チェック・マネジメント」「判断業務」「戦略・計画立案業務」「交渉事」「部下指導」それぞれ、いつま

		あなたが現在担当している実務 （具体的に後継者にもわかる表現で）	誰に任せるか （後継者氏名）	いつまでに任せるか、後継者に任せるため に必要な条件整備（あなたが用意する環境）
現場実務	1	採用活動（新卒／中途／派遣）	F 経営管理課長	当面、一緒に判断する。2023 年 10 月以降はF 経営管理課長に独自判断してもらう
	2	大口主要顧客（3社）との交渉（受注交渉／価格交渉／情報収集）	D 営業課長	当面、一緒に判断する。2023 年 10 月以降はD 営業課長に独自判断してもらう（本業務は営業部に移管）
	3	ISO 認証管理（環境 ISO 管理責任）	F 経営管理課長	当面、一緒に判断する。2023 年 10 月以降はF 経営管理課長に独自判断してもらう
チェック・マネジメント	1	受注／売上金額チェック（週単位）全体朝礼で報告	F 経営管理課長	報告用フォーマットの使用方法の説明、報告のポイントを指導。その後はF 経営管理課長に任せる
	2	大口主要顧客（3社）との納期遅延／売上検収差異／外注フォロー／定例会議	D 営業課長	当面、一緒に判断する。2023 年 10 月以降はD 営業課長に独自判断してもらう（本業務は営業部に移管）
	3			
判断業務	1	大口主要顧客（3社）との生産調整判断（受注交渉／受注単価／生産数／価格交渉）	D 営業課長	当面、一緒に判断する。2023 年 10 月以降はD 営業課長に独自判断してもらう（本業務は営業部に移管）
	2	採用活動（新卒／中途／派遣）面接または面談後の採用可否判断	F 経営管理課長	当面、一緒に判断する。2023 年 10 月以降はF 経営管理課長に独自判断してもらう
	3			
戦略・計画立案業務	1	採用活動（新卒／中途／派遣）企画／計画／提案	F 経営管理課長	当面、一緒に判断する。2023 年 10 月以降はF 経営管理課長に独自判断してもらう
	2			
	3			
交渉事	1	仕入業者とのコスト削減交渉（発注依頼品のコスト削減、工場修繕費用）	F 経営管理課長	当面、一緒に判断する。2023 年 10 月以降はF 経営管理課長に独自判断してもらう
	2	大口主要顧客（3社）のキーマンとの定期連絡（定例会議以外に連絡して関係を構築）	D 営業課長	当面、一緒に判断する。2023 年 10 月以降はD 営業課長に独自判断してもらう（本業務は営業部に移管）
	3			
部下指導	1	部門内及び全社に関わる連絡／報告／依頼業務の統率（部門内年次業務／全社年次業務）	F 経営管理課長	当面、一緒に判断する。2023 年 10 月以降はF 経営管理課長に独自判断してもらう
	2	新卒採用活動に関わる企画／提案／フォローアップ	F 経営管理課長	当面、一緒に判断する。2023 年 10 月以降はF 経営管理課長に独自判断してもらう
	3	経営管理部員との ONE ON ONE ミーティング（個別面談）	F 経営管理課長	個別面談に必要なコーチングスキル等を指導
	4	経営管理部会議の推進、決定事項の進捗確認	F 経営管理課長	会議議事録・決定事項を幹部チャットで共有

会社名	株式会社 Y 機械工業
担当部門	経営管理部
役職名	部長
氏名	A

でに、何を、誰に任せるか明文化する。

2022 年	2023 年	2024 年	部下承諾印
今期中は A を中心に判断	F 経営管理課長を中心に判断	→	F
今期中は A を中心に判断	D 営業課長を中心に判断	→	D
今期中は A を中心に判断	F 経営管理課長を中心に判断	→	F
2023 年 1 月から F 経営管理課長に任せる	→		F
今期中は A を中心に判断	D 営業課長を中心に判断	→	D
今期中は A を中心に判断	D 営業課長を中心に判断	→	D
今期中は A を中心に判断	F 経営管理課長を中心に判断	→	F
今期中は A を中心に判断	F 経営管理課長を中心に判断	→	F
今期中は A を中心に判断	F 経営管理課長を中心に判断	→	F
今期中は A を中心に判断	D 営業課長を中心に判断	→	D
今期中は A を中心に判断	F 経営管理課長を中心に判断	→	F
今期中は A を中心に判断	F 経営管理課長を中心に判断	→	F
F 経営管理課長に任せ、改善点をフィードバック、1 年間で完全に任せる	→		F
F 経営管理課長に任せ、改善点をフィードバック、1 年間で完全に任せる	→		F

■管理職の重点人財・後継者育成計画③

○本シートは、自事業部、自部門の次世代の後継者をどう育成するかの中期プランである。
○後継者候補は複数名可。
○具体的な職務権限移譲計画、業務判断経験の機会づくりを明確に記載する。
○最終的に後継者の了解のもと、アクションプランとして定期的にチェックする。
○「現場実務」「チェック・マネジメント」「判断業務」「戦略・計画立案業務」「交渉事」「部下指導」それぞれ、いつま

		あなたが現在担当している実務 （具体的に後継者にもわかる表現で）	誰に任せるか （後継者氏名）	いつまでに任せるか、後継者に任せるために必要な条件整備（あなたが用意する環境）
現場実務	1	品質管理責任者（職務分掌書・手順書の適正化、手順に準拠した運営状況の確認）	H品質管理課長	当面、一緒に判断する。2025年10月以降はH品質管理課長に独自判断してもらう
	2	検査／洗浄／出荷／組立／品質管理の統括（各手順の準拠確認・各工程チェックリストの作成とチェック項目の採点）	H品質管理課長	当面、一緒に判断する。2024年10月以降はH品質管理課長に独自判断してもらう
	3	出荷管理（検品規定の見直し・フローの見直しを含む）	H品質管理課長	当面、一緒に判断する。2024年10月以降はH品質管理課長に独自判断してもらう
	4	品質管理の内部監査（監査責任者）	H品質管理課長	当面、一緒に判断する。2025年10月以降はH品質管理課長に独自判断してもらう
	5	ISO9001品質管理システムの運用管理（インシデント報告、ヒヤリハット報告のデータ分析。現場への指導）	H品質管理課長	当面、一緒に判断する。2024年10月以降はH品質管理課長に独自判断してもらう
チェック・マネジメント	1	品質状況の推移および品質計画の進捗	H品質管理課長	当面、一緒に判断する。2024年10月以降はH品質管理課長に独自判断してもらう
	2	各業務の進捗状況確認（システム運用責任者）	H品質管理課長	当面、一緒に判断する。2024年10月以降はH品質管理課長に独自判断してもらう
	3	クレーム受付・発生部門への伝達・改善報告の確認	H品質管理課長	当面、一緒に判断する。2024年10月以降はH品質管理課長に独自判断してもらう
	4	顧客との品質活動の進捗（品質保証とのすり合わせ）、ルールづくり	H品質管理課長	当面、一緒に判断する。2024年10月以降はH品質管理課長に独自判断してもらう
	5	不適合集計	H品質管理課長	集計結果を月ごとに集計
判断業務	1	品質基準との合致判断（ISO含む）	H品質管理課長	当面、一緒に判断する。2024年10月以降はH品質管理課長に独自判断してもらう
	2	新規案件に関するリスク判断	H品質管理課長	ISOの新規製品導入チェックリストの作成
	3	各業務におけるキャパシティ判断	H品質管理課長	工程ごとの整流確認を一緒に行う
戦略・計画立案業務	1	年間品質計画作成、品質活動の推進（ISO含む）	H品質管理課長	品質管理活動計画書の作成を一緒に行う
	2	客先との品質活動計画の策定	H品質管理課長	チェックリストの作成を一緒に行う
	3	各業務における業務改善、PDCA推進	H品質管理課長	各業務ごとに一緒に判断
	4	新規案件について品質の担保（リスクヘッジ）	H品質管理課長	カントリーリスクアセスメントに沿った代替調達先の検討と調整を一緒に行う
	5	部署内の人員配置	H品質管理課長	職務内容に沿った人員配置を一緒に議論する
交渉事	1	品質状況の推移	H品質管理課長	自社品質基準と顧客品質基準とのギャップの確認。作業別チェックリストの作成
	2	他部署との生産進捗および品質に関する連携	H品質管理課長	顧客の声、要望を還付会議で報告。品質通達書の作成と署名
	3	顧客との品質問題に関する折衝	H品質管理課長	客先品質会議への出席
部下指導	1	業務改善におけるOJT指導	H品質管理課長	QC委員会委員長としての職務チェック
	2	スキルチェックに基づく個人教育についての管理指導	H品質管理課長	スキルマップ進捗確認書へのコメント
	3	品質指導および品質啓蒙（全社）	H品質管理課長	年度品質スローガン・年度重点ポスターの作成
	4	品質管理課員とのONE ON ONE ミーティング（個別面談）	H品質管理課長	個別面談に必要なコーチングスキル等を指導
	5	品質管理部会議の推進、決定事項の進捗確認	H品質管理課長	会議議事録・決定事項を幹部チャットで共有

会社名	株式会社Y機械工業
担当部門	品質管理部
役職名	部長
氏名	O

でに、何を、誰に任せるか明文化する。

2022年	2023年	2024年	部下承諾印
職務分掌書を一緒に作成する			H
Oを中心に判断	H品質管理課長を中心に判断		H
Oを中心に判断	H品質管理課長を中心に判断		H
			H
Oを中心に判断	H品質管理課長を中心に判断		H
Oを中心に判断	H品質管理課長を中心に判断		H
Oを中心に判断	H品質管理課長を中心に判断		H
Oを中心に判断	H品質管理課長を中心に判断		H
Oを中心に判断	H品質管理課長を中心に判断		H
2023年1月からH品質管理課長に任せる			H
Oを中心に判断	H品質管理課長を中心に判断		H
Oを中心に判断	H品質管理課長を中心に判断		H
Oを中心に判断	H品質管理課長を中心に判断		H
			H
			H
			H
			H
			H
Oを中心に判断	H品質管理課長を中心に判断		H
Oを中心に判断	H品質管理課長を中心に判断		H
Oを中心に判断	H品質管理課長を中心に判断		H
Oを中心に判断	H品質管理課長を中心に判断		H
Oを中心に判断	H品質管理課長を中心に判断		H
Oを中心に判断	H品質管理課長を中心に判断		H
H品質管理課長に任せ、改善点をフィードバック、1年間で完全に任せる			H
H品質管理課長に任せ、改善点をフィードバック、1年間で完全に任せる			H

6. 経営判断基準づくり

（1）会長が懸念している事項のリストアップ

今回の経営判断基準書の当初の作成目的は、会長が社長に対して抱く経営判断への不安（特に資金の使い方に関する不安）を解消するため、会長と社長と一緒に経営判断を文書化（見える化）することで、会長と社長の経営判断を理解、共有し、不安を少しでも払拭することであった。

この目的達成のため、会長が社長に関して不安を感じる経営判断項目のリスト化を最初に行った。

会長からは「設備投資の判断」「資金対策に関する判断」「経費（特に接待交際費）支出の判断」といったお金の使い方に関する判断基準と、グループ会社との協力体制を強化するといった方針を定めることを求められた。その後は、こちらで提示した項目と、作成中に求められた項目を追加した。

（2）会長、社長へのヒアリング

実際の作成では、各項目について会長の考えを聞く ➡ 社長の考えを聞く ➡ コンサルタントがまとめて文書化 ➡ 会長・社長に承諾できるかどうかを確認する、といった手順で進めた。ミーティングのなかで、2人とも「稼いだお金は使うためにある」という考えを共有していることに気づく。もちろん、お金をやみくもに使うという意味ではなく、経営者判断でのお金の使い方といった意味であろうが、経営者ならではの視点なのかもしれない。

「お金を使うとは、次のお金を生む使い方をするという意味ですか？」

「お金の使用に予算対比は必要ですか？」

「資金計画の先行管理はすべきですか？」

といった質問には、いずれも「すべき」ということで、設備投資や資金に関する基準について、会長はもちろん社長の共感も得た内容となった。

その他の項目についても議論を重ね、最終的に「この基準に基づき社長が経営判断を進めていくなら、社長に対する不安は解消されると感じる」（会長）、「満足感の高い基準書の作成となった」（社長）との感想をいただいた。

経営判断基準

1. 行動規範・経営判断基準の基本

- 現場をよく見て判断すること
- その判断の大義は何か、またその大義は自信をもって胸をはれるものか
- 重要な判断は冷静に考えてしたものか（その場の感情に流されての判断ではないか）
- 短期的な目先の利益ではなく、長期的な利益を考えての判断か
- 適切な判断のために数値的な裏づけをとったか（仮定の数値でも検証を試みたか）
- その判断はあとで後悔しないものか

2. 経営戦略に関する判断基準

（1）設備投資に関する判断
- 「無駄な設備投資は絶対にしない」を頭に入れて投資判断する
- 設備投資は、その投資でどの程度の業績向上が見込まれるかで判断する
- 投資は回収計画を立て、その後の回収状況もチェックすることを前提に行う
- 自動化のための設備投資は積極的に検討する。一方で比較検討は必ず行う
- 1千万円以上の投資判断は会長、社長及び経営幹部全員の承認（幹部会議での承認）を経て決定する

（2）資金対策に関する判断
- 資金計画は12か月先行管理で行う
- メイン銀行の借入割合は40%以内とし、融資条件は複数行から比較検討する
- 本業以外の投資等はどんなによい話であっても絶対に行わない
- 役員に対する貸付は同族役員に対するものを含め、絶対に行わない
- 営業債権の回収状況は毎月管理し、回収懸念が生じた場合には毎週状況を確認し、幹部全員で対処する

（3）新規事業参入に関する判断
- 本業とのシナジー効果がない場合には参入しない
- 3年程度の事業計画を作成し判断する（5年以内に投資額の回収が見込めるかを判断の基準とする）
- 新規事業参入の場合、その責任者は原則課長以上の幹部とする

（4）人材採用・人材評価に関する判断基準
- 事業計画に基づく適正人員数を把握したうえでの採用か
- 採用及び昇給は労働分配率を計算し、数値を把握したうえで決定する
- 採用は、部門責任者の面談を経て、自部門で責任をもって採用できるかの判断を行ったか
- 評価はしっかりと行う。期待する内容を伝えたうえで、貢献には正しく報い横並びの評価はしない
- 評価は幹部会議で行い、幹部全員の承認を経て決定する

(5) 幹部登用・降格に関する判断
- 嘘をつかない誠実は人柄でなければ幹部登用しない。幹部にその逆の素養がある場合、降格対象とする
- 幹部登用の打診の際、打診を断る人は幹部にしない
- 不正は疑わしい行為を含めて、同族関係者であってもけじめをつけ処分する

(6) 組織変更に関する判断
- その組織変更は、より顧客にメリットがあるものかで判断する
- 無意味な複雑な階層は作らない
- 責任があいまいにならないように責任内容を明文化する

(7) 業務提携の判断
- シナジー効果の数値測定を検討し判断する。効果が明確でない場合には原則見送る
- 契約書を必ず作成する。契約書は顧問弁護士のリーガルチェックを受け、「問題なし」を確認する
- 提携の是非は幹部会議にて承認決議を行う

(8) グループ会社との協力に関する判断
- 分社後もグループ会社と協力し、Win-Win の関係を築く
- グループ会社との情報共有は可能な限り行う
- 塗装業務の外注はグループ会社の相見積りをとる

3. 営業に関する判断基準

(1) 顧客との価格交渉時の判断
- 原則、無抵抗に値下げを受諾しない（必ずこちらにもメリットが残る条件とセットで交渉する）
- 顧客に値下げ要求の背景を必ず詳細に聞き出す

(2) 新規取引先に関する判断
- 先方から来た新規案件は取引先の信用調査を行う
- 新規を獲得するために、既存の大事な顧客以上の取引条件を出すことは禁止する

(3) 受注可否の判断
- 見積段階で粗利が 30％以内の単発案件は受注しない（ただし、次の量産品につながる試作品を除く）
- 当初予定と大きく違う仕様変更や条件変更があった場合は、必ず再見積りをする

(4) クレーム発生時の判断
- お客様に言い訳をしない
- 顧客の機会損失を最大限防ぐように対処する
- 即日の発生報告と翌日以内の改善報告を幹部間チャットで行う

(5) 経費（特に接待交際費）支出の判断
- 接待交際は 一次会で満足を提供する。二次会は原則禁止とする

- 経費は上長の承認を事前にとること。上長は支出の効果を検証し、承認の是非を判断する

4．製造に関する判断基準

(1) 購買・外注単価交渉時の判断
- 無理な値下げ要求は品質問題を起こすため行わない
- 相手が値下げを飲みやすい対策を先に提案する
- 外注先、購入先からの値上げ要求には、相場や相見積もりで適正度を確認する

(2) 外注先選定の判断
- 価格より品質の優劣を優先する
- 1つの作業の外注先依存度は1社の外注先に集中させない。必ず複数外注先を確保する
- 外注先、購入先からの値上げ要求には、相場や相見積もりで適正度を確認する
- 外注先経営者の人柄を事前に役員以上がチェックする

(3) 多能工化の判断
- スキルマップで全体のバランスを見て、特定作業部門がボトルネックにならないようリスク分散する
- 原則全員2職種以上の多能工になることを徹底する
- 企画部長は年に1回スキルマップ状況を把握し、各人の個人目標設定に入れる

5．経営管理に関する判断基準

(1) コンプライアンスに関する判断
- コンプライアンス指針を必ず遵守する
- 赤字でもコンプライアンス違反はしない

(2) パワハラ・セクハラ確認時の判断
- すべ社長に報告する
- パワハラ・セクハラ指針にそって対処する

(3) 服務規律違反が判明した場合の判断
- 役員、幹部が本人を呼んで、実状を把握する
- 問題行為を起こした者は、処分や対応策が決まるまで原則自宅待機させる

6．社長の姿勢

- 人の話は感情的にならず、反論があっても最後まできちんと聞き、反論はその後に論理的に意見を述べる
- 自分が返せる範囲の借金しかしない
- 会社で起こる事柄のすべての責任は自分にある。他責にしない
- 一族のなかでもリーダーの意識を持つ。一族の皆をあたたかく見守る

7. 事業承継見える化コンサルティングの評価と総括

(1) 会長と社長の相互理解が促進

　会長「これで気持ちがすっきりした！　あとは社長に任せるからな！」

　社長「会長を不安にさせないように社長業を頑張ります」

　両者の感想はこのように前向きなものであった。

　会長に、なぜそう感じたのかを聞くと、会長は次の2点をあげた。

　1点目は、経営判断基準に関する社長の考えを聞いた際、「思っていたよりきちんと会社の状況を把握しており、今後の方針もしっかりとしていた」からだそうである。

　2点目は、社長に言いたいことを言わせたところ、社長から自分に対するリスペクトを感じられ、「後継者として応援したいと思った」とのことだった。

　一方、社長側からは「会長と一緒に経営方針を考えることにより、初めて会長との一体感を持つことができ、会長に存在を認められたと感じた。会長の経営判断を聞きながら、不思議に会社の4代目として、先祖から与えられた役割を果たすことが自分の使命であると確信することができたので、自分も会社をいい状態にして、次につなぐ役割を果たす覚悟ができた」という感想が得られた。

(2) 会長、社長のコミュニケーションの重要性

　会長と社長の関係性は会社ごとに異なる。今回のケースでは、双方のコミュニケーションがあまりとれておらず、お互いに疑心暗鬼の状態にあったのかもしれない。疑心暗鬼の状態とは、社長の能力を認めることはできない（会長）、なかなか自分の能力を認めてくれない（社長）、会社を継いでやっていると思っているんだろう（会長）、会社を継がせてやっていると思っているんだろう（社長）……などである。

　今回の事業承継見える化コンサルティングでは、会長と社長がコンサルティングの趣旨及び内容を理解したうえで、事業承継の不安を解消するという前向きな気持ちで取り組み、第三者によるファシリテーションを受けながら、「事業承継

10か年カレンダー」や「経営判断基準書」を作成した。

　作成の過程で、お互いの経営者観を共有し、じっくりと相手の話を聞き、十分な意見交換をすることで、見える化された成果物を作成することができ、前述の評価になったのではと思われる。

(3) モニタリング

　今回の事業承継見える化コンサルティングでよい結果が得られた最大のポイントは、会長と社長が会社の事業承継を経て10年後の会社の状況を認識し、必要な課題を共有し、お互いに課題についての解決の方針を確認しあえた点にある。

　作成した事業承継にかかわる文書類は、今後も会社の資産として活用されることが期待される。

　今回の機会がなくとも、事業承継は時間の経過により必然に開始され、大きな問題にならず、なるようになったかもしれない。だが一方、たとえなるようになった場合でも、社長が会長の事業承継に関する考えをしっかりと確認できていなかったり、会長が社長に対し、社長業を任せる承認をしなかった状況は、いずれどこかで大きな問題を生むことにつながるかもしれない。

　その意味で、今回の事業承継見える化コンサルティングは、お互いの不安を解消するよい機会になったと考えられる。

　歴史があり、過去の事業承継の成功体験がある会社であっても、社会経済の状況、家族のかかわり方、価値観の変化などから、現経営者と後継者が事業承継について、きちんとした話し合いの場を持てず、場当たり的な対処となっているケースは少なくないだろう。

　事業承継の課題はまだまだ山積しており、今回は導入部分の見える化を行ったという認識である。

　当初の目的であった経営判断における資金の使い方も方針が立てられたにすぎず、当然のことながら、今後将来にわたってシリコンサイクルの波をうまく乗り切っていくことが保証できるわけではない。今後のマネジメントの仕組みづくりは新たな課題である。

　筆者はベースが税理士であり、株式承継、株式移転や移転コストの検証、議決権集約に対する施策、その他の財産の分割対策など、財産にかかわる分野が通常

業務であるが、今回のコンサルティングを通じて、事業承継についても深く関与していくきっかけになった。

　具体的には事業承継の計画についても、現状を把握し、課題を認識し、必要な施策を立て、実行し、モニタリングすることになった。

　例えば、経営会議のファシリテートや事業計画立案、行動計画の進捗確認、会長と社長との事業承継の方針の確認や計画のモニタリングなどの業務、先に述べたマネジメントに関する新たな課題の解決策として、キャッシュフローベースの業績管理手法の導入支援の依頼等である。

　コンサルタントにとっては「事業承継見える化」支援の取り組みを行うことにより、必然的に当該企業に深く関与することになり、企業側からも社外の頼れる第三者として大きな成果を出してくれるのでは、と期待されることになる。その責任は大きく、やりがいのあるコンサルティングである。

❸「N工務店」の事業承継

—— 金川 歩（MGS 税理士法人 税理士）

1. 企業概要

大阪に所在する N 工務店は、設立後 27 期目の土木建築工事会社である。主要事業は住宅建物の建築販売であり、売上総額は 8 億円、会社役員・従業員は 10 名で、うち役員は親族 5 名の同族経営である。

創業者 N 会長は 67 歳、3 年後の 70 歳になるときに引退を希望。そのとき、給与形態も変える意向であり、それに応じて職務権限もスムーズに移譲したいと考えている。

後継者は 25 年前に入社し、7 年前に代表取締役に就任。創業者は代表取締役会長となり、2 名で共同経営を行っている。社長（後継者）は会長の長女の婿である。会社には長女と長男も取締役として経営に携わっている。

2. コンサルティングの経緯

N 会長（創業者）、N 社長（後継者）2 人で共同経営を行っているが、どのように事業承継を行えばよいか、どう準備すべきか悩んでいた。また、将来は孫の 3 代目も継げる会社になればと願い、「次世代につながる承継をしたい」と考えていた。

そこで、事業承継については専門家に相談をすべきだと常々考えていて、会長が 65 歳になるのを機に、筆者が所属している税理士法人に相談に訪れた。

会長所有の会社株式と会社が資材置き場として利用している会長個人所有の土地をどのように承継していくかも課題であった。また、会長の妻も役員として創

業当時から会社を支えてきた。会長と妻の今の役員報酬の額を将来どうするかも
課題であった。

■事業承継見える化コンサルティング　スケジュール

	実施項目	4月		5月		6月	
		前半	後半	前半	後半	前半	後半
事業承継10か年カレンダー	(1)第1回ヒアリングと指導 ●会長、社長に「事業承継10か年カレンダー」の説明と了承 ●中期経営計画策定						
	(2)第2回ヒアリングと指導（会長、社長と一緒に） ● SWOT分析による「強み分析」「機会分析」「積極戦略」の検討で事業領域の方向性確認						
	(3)第3回ヒアリングと指導（会長、社長と一緒に） ●個人年齢と役職予定の記入 ●売上概算予定確認 ●経営基本方針確認と記入 ●今後の各経営基本方針の確認						
	(4)第4回ヒアリングと指導（会長、社長と一緒に） ●事業ドメインの整理と、ドメインに応じた後継者、役員幹部の役割責任の整理 ●財産相続承継関連(自社株移転計画、個人所有不動産)、資金関係の確認						
職務権限移譲計画	(1)第5回ヒアリングと指導（会長、社長と一緒に） ●会長の職務権限・仕事分析⇒日週月スポットの仕事分析						
	(2)第6回ヒアリングと指導（会長、社長と一緒に） ●会長、社長と職務権限移譲計画の整理と確認をしながら計画表の記入 ●現状の権限や社内の問題点の整理						
経営判断基準づくり	(1)第7回ヒアリングと指導（会長、社長と一緒に） ●会長、社長に他社の経営判断基準の解説と作成フォームの解説 ●経営理念や行動規範の確認						
	(2)第8回ヒアリングと指導（会長、社長と一緒に） ●会社の歴史、沿革、失敗成功の事実と学びのヒアリング①						
	(3)第9回ヒアリングと指導（会長、社長と一緒に） ●会社の歴史、沿革、失敗成功の事実と学びのヒアリング②						
	(4)第10回ヒアリングと指導（会長、社長と一緒に） ●会社の歴史、沿革、失敗成功の事実と学びのヒアリング③ ●後継者自身の学び、経営判断指針のヒアリング ●経営判断基準の文言のチェックと修正						
確認	(1)第11回ヒアリングと指導 ●「事業承継10か年カレンダー」の最終チェックと修正確認 ●職務権限移譲計画の修正確認 ●経営判断基準の修正確認						

3. コンサルティングのスケジュール

コンサルティングのスケジュールは下表のとおりであり、9か月間とした。

会社名	株式会社N工務店
担当名	金川 歩

7月		8月		9月		10月		11月		12月	
前半	後半	前半	後半	前半	後半	前半	後半	前半	後半	前半	後半
	▨										
			▨								
			▨								
					▨						
					▨						
							▨				
									▨		
											▨

4. 事業承継 10 か年カレンダー

（1）会長の引退時期

　「事業承継10か年カレンダー」への記入の段階で、最初に事業承継の時期を聞いたときに、N会長は「70歳を機に代表取締役を引退したい」とのことだった。キリのよい年齢であるし、老齢年金の受給開始を70歳を目途に考えていたこともあったようだ。そして、70歳になる2025年に、「完全な引退ではないが、代表権がない取締役として、雑用や現在主要事業ではないリフォーム事業に取り組んでいく」予定である。

　リフォーム事業は過去の顧客をターゲットにするため、創業時からの顧客を訪問することは、N会長にとって最適な業務と考えている。過去に住宅を建築した顧客の3年・5年・10年と定期点検に携わり、お客様に丁寧なアフターメンテナンスを行うことは、同社にとっても重要な戦略である。

　後継者は代表権のある社長であり、7年前から共同経営者として経営に携わっている。ただ、会長の行っている業務のすべてが後継者に承継されているわけではない。会長は、引き継ぐべき業務は引退までに後継者に円滑に引き継ぎたいと考えている。

（2）長男と娘婿

　同社固有の事情として、現在は会長の長男や長女が役員として働いているが、会長は「この2人が会社を最終的に引き継ぐ人材」とは考えていない。

　長男については経営者というよりも現場管理を行い、皆と楽しく和気あいあいと働くタイプであり、長男が会社に勤め始めた入社当時から「経営者タイプではない」と感じていたようだ。

　長男は現在、資材の発注、業者とのスケジュール調整、お客様グループLINE報告（検査報告）等、建築現場管理部門を担当している。

　後継者は長女の配偶者である。N工務店に入社する以前は住宅建築メーカーに勤めており、大学時代からの付き合いのある長女（建築士資格保有、同社の営業、

資材発注、コーディネーター業務を担当）との結婚前に、会長（当時社長）が娘婿の才能を見込み、「可能であれば引き継いでもらいたい」と伝えていた。娘婿は住宅建築メーカー在職中に、近い将来「N工務店に入社し、自分のやり方で仕事をやっていきたい」と考えていたようだ。

（3）事業承継における妻の存在

事業承継の過程で、会長の妻の存在に触れないわけにはいかない。

個人事業時代から支えてくれた強力なパートナーであり、共に新規開拓営業をして地道に1軒1軒、会長とは別にカタログを持ち営業をしていた。

「社員を食べさせなければならない」という圧倒的な責任感と類まれなコミュニケーション能力、そして、もともと洋服の専門学校出身というデザインセンスを内装のコーディネートに活かし、ときには会長や従業員よりも受注件数が多かった。

現在は総務全般業務、後継者（社長）の補佐役を担っている。

（4）売上計画

売上10か年計画については、毎年地道に8億円を目標にしている。2022年は異常な材料費や燃料費の高騰、資材の納期遅れといった危機に直面しているが、2023年以降も毎年20件ほどコンスタントに受注する予定である。

（5）経営理念と基本方針

経営理念は事業承継見える化コンサルティングのなかで、後継者が新たに考えたものである。

『人々の幸せを叶え、心技を共に創り、共に喜ぶ』

この理念のもとに常に危機感を持ち、人のため、お客様のために仕事をするという価値観を大切にする。そして、会長・社長が、筆者のコーディネートと共に創り出した経営の基本方針は、「一番近い地元の方々に支持されなければ、世の中の支持はいただけない」という会長の姿勢から、「地元から仕事をいただくことを大切に、お客様に誠実に対応し、適正な利益を確保していく」こととした。

■事業承継10か年カレンダー（長期計画）

		2022年（現在）	2023年	2024年	2025年	2026年
役員年齢	N会長	67	68	69	70	71
	妻	67	68	69	70	71
	N（後継者）氏	50	51	52	53	54
	長女	50	51	52	53	54
	長男	46	47	48	49	50
職責	N会長	代表取締役会長	代表取締役会長	代表取締役会長	代表取締役会長	会長
	妻	総務	総務	総務	総務	
	N（後継者）氏	代表取締役社長	代表取締役社長	代表取締役社長	代表取締役社長	代表取締役社長
	長女	取締役	取締役	取締役	取締役	
	長男	取締役	取締役	取締役	取締役	
業績	売上（本体）	800,000	800,000	800,000	800,000	800,000
	経常利益率	6.75%	5.75%	6.50%	4.75%	6.75%
経営基本方針（経営理念、経営者の姿勢等）		「人々の幸せを叶え、心技を共に創り、共に喜ぶ」という経営理念をもとに、危機感を常に持ち、人な利益を確保していく。				
基本政策	新築工事	土地造成からN工務店で行い、土地を安く提供する。				
		ローコストの新築では利益がとれない。高付加価値の新築販売が利益確保につながる。ターゲット				
		少数精鋭であり続ける。地元でも商売ができる体制を維持する。				
	リフォーム	新築が減った分、リフォームニーズの取り込みをしていく。				

会社名	株式会社 N 工務店
作成日時	2022/11/1

2027 年	2028 年	2029 年	2030 年	2031 年	2032 年
72	73	74	75	76	77
72	73	74	75	76	77
55	56	57	58	59	60
55	56	57	58	59	60
51	52	53	54	55	56
会長	会長	会長	会長	会長	会長
代表取締役社長	代表取締役社長	代表取締役社長	代表取締役社長	代表取締役社長	代表取締役社長
800,000	800,000	800,000	800,000	800,000	800,000
7.00%	7.50%	7.50%	7.50%	7.50%	7.50%

のため、お客様のために仕事をするという価値観を大切にする。地元の方から仕事をいただくのを大事に、誠実に対応し、適正

層を今より年収の高いほうにシフトしていく。お客様紹介の現状は 2 〜 3 割だが、理想は 5 割に増やしていく。

		2022 年（現在）	2023 年	2024 年	2025 年	2026 年
事業ドメインと経営戦略		優良地域の土地のストックを適正数持っておく。現在は 4 区画の保有だが理想は 10 区画を常に保有。				
		優良地域の施工実績を増やしていく。高収入の顧客の周りには似た所得の方が多くいるため、施主様				
		うまくいっても人だけ増やすということはしない。支店を広げたりせず、地元での商売を継続、地元				
		過去客やその知り合いの紹介のみで営業を強くかけない。新築の現場周りに N 工務店を認知してもらっていく。定期的なハガキ通信などにより、「お困り事」をつかんでいく。				
		従業員 10 名				新卒採用 20 代 2 名 性目線で動ける人
経営幹部毎の基本役割責任	N 会長	現場と会社の事業全体の把握、トラブル・クレーム対応、土地の選定				アフター工事・改
	妻	電話受付（すべて）お客様とのコーディネート業務（N 後継者案件全体の 50%）ほか総務業務、通帳管理				左記サポートを含め
	N（後継者）氏	営業、新築設計部門統括責任、経理責任者				左記の業務に銀行
	長女	営業、資材の発注、コーディネート等新築設計部門担当、SNS 担当、大手企業本部担当、感謝祭・				
	長男	建築現場管理 100%（資材の発注、業者とのスケジュール調整、お客様グループ LINE 報告（検査報				
資金財務対策	退職資金				11 月退職金 N 会長・妻 各 1000 万円支給	N 会長・妻、役員報酬各 20 万円へ
相続税対策	遺言状、贈与、相続対策	年内遺言書作成	毎年、N 会長と妻より N（後継者）へそれぞれ株式 30 株、10 株贈与 ▰▰▰			
金融機関対策	金融機関対策、調達、借入、保証	土地を仕入れていくために取引実績をつくっていく（担保、保証人なし）▰▰▰				
その他承継に関する予定		【不動産】N 会長所有土地で会社が資材置き場として利用している 4 筆は長女に相続、それ以外の土				
		【会社株式】N（後継者）500 株、長女 300 株、長男 200 株が最終所有株数				

2027 年	2028 年	2029 年	2030 年	2031 年	2032 年
N 会長は完全に経営の一線から退くのではなく、徐々に退いていく。その中でノウハウを共有していく。					
からの紹介を強化していく。					
からの発信をし続けていく。					
う動きも行う。アフターメンテナンスは N 会長やベテラン大工が顧客との接点を築き、リフォームなどの新たなニーズをつかん					
年間 644 万円支給（2 人）　未経験でも 20-25 歳くらいの女性新人からの育成をスタートする。女性好みの商品であるため、女材を採用し、育成していく。2 級建築士を目指す人材が理想で、会社としてもバックアップをしていく。					
修工事（500-600 万円）管理、すべての土地の除草、資材置き場の管理、土木関係工事管理（擁壁、解体）見積金額精査					
できること（気持ち、体力の続く限り）					
や商工リサーチ等外部対応、土地の選定、仕入、行政書士等協力業者対応					
見学会企画					
告等）、現場廃棄物の運搬処分 (現場) 伝票保管					
				毎年、N 会長 & 妻より、N（後継者）へ株式 15 株、長女へ 10 株贈与	
地家屋については長男に相続させる。					

（6）基本政策

　今後の基本政策は、SWOT分析を実施して策定した。

　新築工事については、これからの時代、ローコストの新築では利益がとれず、高付加価値の新築が利益確保につながることから、ターゲットを年収の高い層にシフトしていくことを企図した。

　お客様紹介は、現状は毎年の受注案件の2〜3割だが、理想の5割に増やしていく。そのための具体的な戦略として、優良地域の土地のストックを適正数持っておくことにした。現在は4区画の保有で、理想は10区画を常に保有することが必要とのこと。

　N会長は完全に一線を引いて退くのではなく、徐々に退いていく予定だ。そこで後継者は、

- ●土地購入のノウハウを共有
- ●優良地域の施工実績を拡大（高収入の顧客の周りには同じような所得の人が多くいるため、施主様からの紹介を強化していく）

ということを計画に盛り込んだ。

（7）幹部の職務

　幹部の職務と役割について、会長と後継者にヒアリングした。

　この面談のなかで、改めて経営幹部の業務内容を細かいところまで確認し、職務権限移譲計画作成につなげた。

（8）財産相続承継

　財産相続承継については、まず会長の所有不動産一覧表を作成。物件の利用状況を確認しながら、会社で利用している資材置き場の土地について、会社で問題なく利用できるよう、相続人を決める重要性を説いた。

　何回かの面談を通じて、会社で利用する土地は長女に相続させ、それ以外の不

動産は長男に相続させることとした。

次にN工務店の株式評価を行い、最終的に何株を後継者、長女、長男に承継させるのかを会長に問題提起した。

しかし、「どのくらい株を承継したらよいのか」わからないということで、会社の重要事項を決議できる特別決議には、「議決権の過半数を持つ株主の出席、出席議決権の3分の2以上の賛成が必要」であることを理解してもらった。そのうえで「後継者と長女の家族グループで発行済み株式総数の3分の2の株数を所有するのが妥当」であると提案した。

それをもとに、数か月かけてN会長は承継株数、時期を考え、それをN（後継者）氏に伝えた。筆者からは最終的に財産相続については遺言書作成の必要性を話し、2022年中に公正証書遺言を作成した。コンサルティングの当初は、果たしてN会長所有株数の承継人を決めることができるのか懸念していたが、最終的に遺言書作成までに至り、納得のいく相続対策ができた。

5. 職務権限移譲計画

（1）会長の日週月スポットの仕事分析

会長と社長（後継者）が話し合うなかで、多くの経営者がそうであるように、最初は、会長は「何もたいしたことはやっていない」との発言であった。しかし、面談が進むうちに、社長の発言から、会長が陰に陽にさまざまな業務をしていることがわかった。

そして、会長の業務分析を行った結果、会長は「誰でもできる基本的な業務は自分で行っている」ことが判明した。

経営幹部に「営業や現場管理に専念してもらいたい」という想いと、自分ができることは率先して行うという意識があるからだ。

毎朝の会社周囲の清掃やお客様へのカタログ配達など、お客様への細かな気配りが徹底している。お客様へのカタログ訪問時には、自分が代表者であることは名乗らず、ただの配達係として訪問することにしているそうである。後にお客様がカタログを見て新規に来社されたときに、配達した職員がその会社の代表者であったことに非常に驚き、感動されるという。

建築現場の幟（のぼり）の設置などの単純な業務もいろいろあるが、その作業

を通じて、現場に異常がないかを常にチェックしている。棚卸資産となった販売用土地についても、常に草刈りをしたり、異常がないかをチェックしている。また、資材置き場にも行き、清掃など管理を徹底している。

　トラブルやクレーム対応についても、他の経営幹部に自分の業務に専念しても

■会長・社長の権限移譲項目・業務責任整理一覧表

○デイリー、ウイークリー、マンスリーの各業務は、具体的な表現にする。
○後継者に移譲する業務では、「どこまでやるべきか達成基準」まで記載しておくと後継者はイメージしやすい。
○「後継者に権限を移譲する期限」はおよその予定年を記入する。

		会長・社長のデイリー決裁・判断業務	どこを注意して決裁判断するか（重点ポイント）	後継者に移譲する期限、移譲しない場合は×	会長・社長のウイークリー決裁・判断業務	
一般業務（会長・社長でなくてもよい業務・作業名・実務業務名）	1	掃除　朝8時　会社の外回り清掃	常に清潔に、皆さんに綺麗に見えるように	×	月	掃除　朝8時　会社の外回り清掃
	2	ホワイトボードに1日の業務を記入	業務内容の共有化	承継済		朝礼　8時半
	3	郵便物の確認（開封、確認）	緊急性のあるものの確認	×		来社、訪問対応
	4	カタログ配達（月5-10回土日）	配達先の受注率10％程度	×	火	掃除　朝8時　会社の外回り清掃
	5	すべての土地（棚卸資産）の除草、資材置き場の管理	常にきちんとした状態を保つ	×		来社、訪問対応
	6					
	7				水	休日
	8					
マネジメント業務（指示・管理・部門間調整・会議等）	1	請求書の確認	妥当な価格なのか、取引先の把握	承継済		
	2	LINEチェック（現場報告、お客様）	現場が順調に進んでいるか、お客様とのコミュニケーション円滑か、確認	承継済	木	休日
	3	現場と会社の事業全体の把握、トラブル・クレーム対応	自分がトラブル対応することで、他の社員に本業を優先させる	3年以内		
	4	銀行関係、商工リサーチ等外部対応	銀行関係の人間関係を繋ぐ	3年以内		
	5				金	掃除　朝8時　会社の外回り清掃
	6					来社、訪問対応
創造的業務（改善・企画立案・計画）	1	土地の情報FAX確認	レインズ情報、ランディ民間情報を確認	3年以内	土日	
	2	協力業者開拓（行政書士）	地元の行政書士から業者の紹介を受ける	3年以内		カタログ配達（月5-10回土日）
	3					
	4					
	5					

らいたいため、会長自身が一手に対応している。

　このような会長の行動や想いを社長との面談時に共有した。社長のお客様対応や品質管理の徹底ぶり、また経営幹部に対する想いを知ることができたことは、まさに実践的な後継者教育となった面談であった。

記入日	2022年10月19日
会社名	株式会社N工務店
役職・氏名	

どこを注意して決裁判断するか（重点ポイント）	後継者に移譲する期限、移譲しない場合は×	会長・社長のマンスリー決裁・判断業務		どこを注意して決裁判断するか（重点ポイント）	後継者に移譲する期限、移譲しない場合は×
常に清潔に、皆さんに綺麗に見えるように	×	月初	請求書確認	妥当な価格なのか取引先の把握	承継済
週の行事予定確認	承継済		廃材処分処理の連絡担当（月2回、1h）	無駄な費用が出ないように	×
誠実に対応	×		同業建築業者会議参加	リモート、新技術の勉強など知識習得	承継済
常に清潔に、皆さんに綺麗に見えるように	×	中旬	下請業者会・安全対策管理	安全対策の徹底を伝える	3年以内
誠実に対応	×		15日支払い締日の前に支払の確認	支払い済みか現金か等	承継済
		下旬から月末	廃材処分処理の連絡担当（月2回、1h）	無駄な費用が出ないように	×
			下請け業者への資格取得指導	2か月に1回	現在引継ぎ中
			会長・社長のスポット決裁・判断業務	どこを注意して決裁判断するか（重点ポイント）	後継者に移譲する期限、移譲しない場合は×
		1	車両保険の管理	車検の手配も含む（車購入した先に依頼）	3年以内
		2	機材ショベルカー・トラック3ｔ（土地整備）の管理	免許あるのはN会長のみ	×
常に清潔に、皆さんに綺麗に見えるように	×	3	土木関係工事管理（擁壁、解体）見積金額精査	見積りが妥当か判断できるのはN会長のみ、今後承継	5年以内
誠実に対応	×	4	のぼり設置	建築現場にのぼり設置	×
		5	チラシ配り（賃貸アパートへ）知人に手伝い依頼	内覧会の前、来客割合1人/1000枚・見学会1人/500枚	×
配達先の受注率10%程度	×	6	労働基準監督署への申告担当（労災保険、雇用保険）	数字に誤りがないように	3年以内
		7	アフター工事・改修工事（500-600万円）管理	基本的に過去のお客様から修繕依頼があった際に、他の修繕も提案	5年以内
		8	アフターケアをかねての過去のお客様対応	お客様から連絡がある時だけではなく、古いお客様へリフォーム工事営業を行う	課題
		9	決算報告確認	予想利益が達成できているか確認	承継済

■会長の職務権限移譲項目の整理表

会社名（株式会社 N 工務店）
作成者（MGS 税理士法人）

① 会長が今、どういう業務を直接行っているか、直接の権限として決裁・決定しているかを整理する。
② 各業務の大まかな内容を表現する。（後継者に理解してもらうため）
③ 各職務権限から、この 1 年間で業務移管、責任移管したい項目を C、B、A の 3 段階で決める。
④ 　　　　〃　　　　今後 3 年以内で業務移管、責任移管したい項目を C、B、A の 3 段階で決める。
⑤ 上記③④の検討段階では、会長と社長または第三者を交えて行うとスムーズにいく。

当面自分がやらねば問題になる（ややこしくなる）	C
少しは後継者に経験を積ませてもよい（一緒にやるほうがよい）	B
後継者に任せたほうがよい	A

	①会長が現在、直接の権限で実施していること	②大まかな内容	③この1年間で移譲	④3年以内に移譲
1	銀行関係、商工リサーチ等外部対応	銀行関係、商工リサーチ等外部対応	C	A
2	現場と会社の事業全体の把握、トラブルクレーム対応	自分がトラブル対応することで、他の社員に本業を優先させる	C	B
3	土地の選定、仕入（商談）	レインズ情報、ランディ民間情報を確認	B	A
4	アフターをかねてのOBさん対応	お客様から連絡がある時だけではなく古い付き合いのあるお客様へ、リフォーム工事営業を行う	C	B
5	すべての土地の除草、資材置き場の管理	常にきちんとした状態を保つ	C	C
6	協力業者開拓（行政書士）	地元の行政書士から業者の紹介を受ける	B	A
7	下請業者会・安全対策管理	安全対策の徹底を伝える	C	B
8	アフター工事・改修工事（500-600万円）管理	基本的に過去のお客様から修繕依頼があった際に、他の修繕も提案	C	B
9	会社の労働基準監督署申告担当（労災保険、雇用保険）	数字に誤りがないように	C	A
10	車両保険の管理	車検の手配も含む（車購入した先に依頼）	C	A
11	機材ショベルカー・トラック2t（土地整備）の管理	免許があるのはN会長のみ	C	C
12	廃材処分処理の連絡担当（月2回、1h）	無駄な費用が出ないように。廃材をショベルカーで圧縮できるのはN会長のみ	C	C
13	土木関係工事管理（擁壁、解体）見積金額精査	見積りが妥当か判断できるのはN会長のみ。今後承継	C	C
14	のぼり設置	建築現場にのぼり設置	C	C
15	カタログ配達（月5-10回土日）	配達先の受注率10%程度	C	C
16	チラシ配り（賃貸アパート）知人に手伝い依頼	内覧会の前、来客割合1人/1000枚・見学会1人/500枚	C	C

（2）職務権限移譲計画を話し合う過程での気づき

　会長と社長が話し合っていく過程で、今まで会長がどのような業務を行っていたのか、漠然とは理解していたが、「見える化」ができていなかったことが明らかになった。そこで、移譲項目を整理していくと、以下の3項目に分類できた。

- ●社長が引き継ぐべき業務
- ●社長が引き継がなくても、他の人に依頼できる業務
- ●会長しかできない業務

　項目を列挙しながら承継期限を決めていくなかで、社長が引き継ぐ必要のない業務は、他の社員に依頼するか、外注先に任せるか、社長に過度な負担がかからないよう「できる範囲で行っていく」と決定した。

　社長でなくてもよい詳細な業務は、判断を将来に持ち越すこととした。

　会長しかできない「土地の造成」や「廃材処分の際に必要なショベルカーやトラック2トン車の管理（免許所持の関係）」、そして「廃材処分」は外部に依頼せざるを得ない状況が把握できた。

　そのため、会長が完全に引退するときには、その業務については外部委託することと、発生するコストを見込んでおく必要性を認識した。

　社長に引き継ぐべき業務については、当面会長と一緒にしたほうがよい業務、3年以内に社長に引き継いだほうがよい業務に分類した。

　3年以内に移譲できる項目のうち、住宅建築受注に直結する重要な項目は、「購入土地の選定」「協力業者開拓」であり、早速前向きに一緒に取り組んでいくこととした。

　その他の項目は、比較的容易に処理しやすい銀行対応や労働保険の申告などで、いつでも対応できることから、3年以内に徐々に移譲していくことにした。

6. 経営判断基準づくり

（1）会社の沿革を作成する過程で気づいたこと

　会長の経営判断基準のヒントになる出来事を確認していくために、会長と社長同席のもと、会社の沿革を作成した。

　会社の沿革は会社設立の前から遡り、個人事業時代も記入していった。まず会長が創業するに至った経緯をヒアリングした。

　会長は創業前、売上100億円以上の総合建設業の会社に勤務していた。その会社の経営方針では、社員を本気で育てるという想いがなく、反社会的勢力とのかかわりや役所との癒着もあった。「このような経営では10年後に倒産する」と思っていた（現に倒産した）。

　当時、その会社で役員になれる可能性があるかを経営幹部に聞いたところ「同族会社だから、他人は役員になれない」と言われ、そこで独立して自分でやってみたいと決心したそうだ。

　会長自身はオフィスの仕事より外の仕事、モノを作りたいという想いがあった。自分の好きな土木工事（道路、橋、河川、下水工事等）は退職した会社で一通り経験した。

　仕事は自信をもってできるが、それは受注あってのもので、前職ならそこを気にする必要がなかった。独立創業して、公共工事が入札できるか受注できるかの不安もあったが、一念発起し、創業した。

　この面談では、個人事業時代から1年ごとにヒアリングを行った。会長が創業に至った経緯や個人事業時代の仕事を受注するために工夫したエピソードを後継者は横で聞きながら感慨深げな面持ちだった。

（2）会社沿革の確認は生きた後継者教育と経営理念の承継になる

　「役所との癒着や不正は行いたくない。きちんと正々堂々と適正な利益が出る仕事がしたい」

「取引先や従業員は誠実な人であるかをまず見極める」

面談の際、これが会長の終始一貫した姿勢であった。

沿革を作成しながら、次第に社長のコメントも増えていった。経営判断基準の作成時にも積極的にコメントした。

社長のコメントのなかで特に印象深かったのは「受注金額がいくらかとか関係なく、仕事はきっちりしたい」という言葉である。

社長の「とにかくきっちりした仕事がしたい」という点は、会長の創業精神と一致している。沿革の話のなかで、会長の姿勢が経営幹部に浸透していること、また仕事をやりやすいような配慮や姿勢がある会長に絶大な信頼を置いていることが垣間見えた。

また、会長が言った「家族が近くにいる、お客様も周りにいる環境に囲まれてよかった」ことも印象的だった。

「将来は孫の3代目も継げる会社になればと思う」と家族への深い愛情も見せた。

社長は、会長のその想いを聞き、真摯に承継のことを考え、自分が代表となってやっていくという覚悟と責任を改めて感じたようである。

この会社の沿革（歴史）作成は後継者教育として最高の教育であった。生きた経営理念が自然と受け継がれていく。

会 社 沿 革

年度		年齢		出来事
1986	S61	個人	32	勤めていた会社を退職し、建設業許可を受ける 準備
1988	S63	個人1	33	土木工事業創業。入札するために地元の人と付き合い、地元の建設業協会加入
				受注の準備。入札の際に人がどう動くのか、談合など観察する
				ずる賢い人が仕事もらうと理解
				順番は暗黙で決まっていく。順番は、はずすようにされることもあり
				入札金額が事前に漏れていた
				その状況に辟易し、ただでも入札すると同業者に宣言。宣言後、順番がまわってきた。小さい仕事の下積みで入札参加資格ランクを上げていった
				手元に25%残すことを常に意識した
1989	H1	個人2	34	地元（土木工事請負）
				草刈り、1000万円の造成工事を行う。年間3000万円くらいの売上
				個人のお客様からの外構工事等、住宅メーカーからの紹介で行う
				粗利25%を確保できない場合は受けないが、10%で受けた仕事もある。その場合はコストの無駄をなくす等工夫する
				自分が作業をして利益を残す。効率がよい。日曜でも正月でも休み関係なくがむしゃらにやった（水路工事など）
1990	H2	個人3	35	地元（土木工事請負）　売上5000万円
1991	H3	個人4	36	地元（土木工事請負）　売上5000万円
1992	H4	個人5	37	社屋建設
				看板と、自宅ではなく仕事に専念する場所が欲しかった
1993	H5	個人6	38	社員2名
				元直属部下A氏が入社、誠実で真面目、仕事もよくできる。土木工事全般管理を担当
				入札手続きはN会長が行う
1994	H6	個人7	39	社員3名
				B氏入社。同級生、地元の建設会社土木の管理をしていた
				誠実で真面目、仕事もよくできる。土木工事全般管理担当
1995	H7	個人8	40	社員4名
				C氏入社。住宅の会社で営業していた。住宅建築部門開始
				最初は1、2件受注した
				N会長妻入社
1996	H8	1期	41	N工務店設立　資本金1000万円

年度		年齢		出来事
1997	H9	2期	42	社員7名 宅建協会加入 資本金3000万円
1998	H10	3期	43	社員8名
1999	H11	4期	44	市の入札参加資格ランクAランク
2000	H12	5期	45	大阪府Bランクに昇格
2001	H13	6期	46	社員7名 棟梁4名体制 大阪府Aランクに昇格
2002	H14	7期	47	社員9名、棟梁6名体制
				下請けはしない。元請が倒産するリスクがあるため
				常設展示場建設とOPEN
2003	H15	8期	48	大阪府Aランク維持 土木部門・建築部門 ISO9001取得に向けての活動
2004	H16	9期	49	大阪府Aランク維持 土木部門・建築部門 ISO9001認証取得
2005	H17	10期	50	不動産売買別会社N地所設立
				知人からの要望、知人にお任せ状態
				資本金8000万円に増資
				社員11名、棟梁7名体制
2006	H18	11期	51	N地所株式会社設立、資本金300万円。その後利益が出ず設立後3年で閉鎖
				社員12名、棟梁7名体制
2007	H19	12期	52	後継者N氏入社（他社建築メーカー3年入社） 社員10名
2008	H20	13期	53	社員8名 住宅建築受注への集中化
				土木、建築両方受注減少、土木は公共工事の仕事がない。リーマンショック
				建築も減少した
2009	H21	14期	54	MGS税理士法人契約 起業家研修での紹介
2010	H22	15期	55	長男入社 社員7名
2011	H23	16期	56	東日本大震災 資材関係ストップ（物流ストップ）
2012	H24	17期	57	太陽光パネル導入本格スタート 国補助や買取制度活用
2013	H25	18期	58	長女入社 社員7名
2014	H26	19期	59	消費税5％から8％に引き上げ 7年ぶりの円安、株高
2015	H27	20期	60	後継者N氏代表取締役就任。承継スタート
2016	H28	21期	61	下請け業者勉強会スタート、お客様感謝祭スタート
2017	H29	22期	62	売上5億円 社員7名
2018	H30	23期	63	西日本豪雨、北海道地震
2019	H31 R1	24期	64	長男2級建築士資格取得
2020	R2	25期	65	土地購入強化 コロナ流行
2021	R3	26期	66	太陽光、蓄電池積極導入
2022	R4	27期	67	戦争による異常な材料の高騰、資材の納期の遅れ、エネルギー高、円安

1
2
3
4-1
4-2
4-3
4-4

（3）経営判断基準の作成

　経営判断基準の作成に際しては、筆者があらかじめ判断基準項目を列挙し、面談を行った。

　判断基準は表中の数字１の項目から順に作成していったのではなく、会社の沿革を聞きながら、過去の出来事、そのときの会長の判断を聞き、該当箇所に記入していった。沿革を聞いていくなかで、必要な判断基準が新たに出てきた場合には追加していった。

　経営判断基準の作成段階の当初は、会長の判断基準の内容が詳細には出てこなかったが、会社沿革を聞いていくと、次第に内容が増えていった。

　特に印象深かったのは、「土地購入時の判断基準」で、「自分がその土地を見て瞬間に惚れるかどうか」という言葉であり、会長独自の感性には非常に驚いた。

　具体的な内容はわからないが、経営者の直感であり、大事なポイントとして記入した。

　「売り出し価格の上限や購入価格の上限」まで記入できたことは、後継者の社長にとって、将来の強力な判断基準になることを確信した。

　「新規顧客取引開始時の判断基準」作成の際は、会長だけではなく、実際に顧客対応している社長も、会社の沿革や会長の想いを長く聞いていくなかで、積極的に発言するようになった。

　「住宅建築にあたり、施主の同居家族への想いを感じることができれば積極的に対応する」と具体的な発言があり、また「顧客と価格交渉時の判断基準」では、社長の発言のみで作成した。

　全体的にとてもわかりやすく、従業員や将来の後継者も判断しやすい、大変参考になる判断基準が出来上がった。

経営判断基準

1. 土地購入時の判断基準

- 自分がその土地を見て瞬間に惚れるかどうか
- アクセスがよい（駅徒歩 10 分以内 800m）、学校（小、中学校は徒歩 10 分以内）はあるか
- 住宅環境に価値があるか（建て替えがある、地元外からの新しい人が入ってきているか）
- 朽ちている家屋が少ない、真横真向いの近隣環境がよいか（騒音や学校）
- 再販売した場合に利益が見込めるかどうか
- 該当土地の相場の売買価格を意識しながら仕入れる（売り出し価格は最大 3000 万円までの土地を検討）
  （3000 万円の場合、購入価格は最大 2500 万円とする）

2. お客様からのカタログ請求時の判断基準

- 現在は原則郵送。一度お渡しして、その後連絡は特に入れない
- 訪問しお渡しできる場合、土日に配達、ご不在の場合はコメントを残しておく
- 今後、郵送か訪問手渡しかは検討していく

3. 新規顧客取引開始時の判断基準

- 相手の人間性をみる（相手にお金があるからとかは関係ない）
- 人間が誠実で一生懸命。口がうまく、腹黒い人はお断りする
- 工事の金額のみ聞いてくる場合は積極的に営業しない
- 住宅建築を受注するにあたり、同居家族への想いを感じることができれば積極的に付き合う
- 他の住宅メーカーも検討中なら、こちらから積極的に営業しない
- お付き合いすべきか、判断がつかない人がいる際は要注意（20 人に 1 人くらいの確率で問題顧客がいた）

4. 受注拒否の判断基準

- 口がうまく、腹黒い人はお断りする
- 断る理由は特に先方に言わない
- 金額をあちこちの業者に聞いている場合
- 上からモノを言ってきたり、我を通し、折り合えない場合はお断りする
- 粗利益 20%を切る場合
- 下請けはしない

5．クレーム発生の判断基準

- こちらの過失の場合は、担当者が出向くなり電話にて説明等、即刻対応
- クレームは文句と考えずに、お客様の建設的な意見と受け止める

6．顧客と価格交渉時の判断基準

- 1回出した金額ですすめ、値下げには応じない（最初から適正価格を計算し提示しているため）
- 事情があれば勘案、建物の仕様を調整する
- 粗利益は20％とする

7．外注先選定の判断基準

- 人間が誠実で一生懸命である
- 代表が自ら誠実に対応される会社。お客様への謙虚な姿勢が見えること
- 単価について、次の工事では上げるなどの話はしない（不確実なこと、いい加減なことは言わない）

8．大工さんのモチベーションと管理

- 月末締めで翌月末に支払う（資金入金を早くする）
- 先々の流れ、上棟予定を早めに伝えておく（次の工事の受注がない場合、他の仕事を探してもらうほうがよい）
- 建築現場に行った際に、資材の納入などの状況を聞く
- お客様とお会いする機会をつくる（お客様からの感謝の言葉がやはり嬉しく、一所懸命やる気が出る傾向があり）
- 難しい仕事を成し遂げてくださった場合には心から激励をする

9．採用時の判断基準

- 誠実で真面目である
- 女性は優しくて爽やかさがある人
- 男性は誠実さを重視、試用期間内に人間性を見る
- コミュニケーションが素直に自然にできる
- 学生生活時の遅刻の有無や出席の状況を聞く（一つの決まったことを継続できるかの判断基準）
- 将来転職することについて、予め採用時から意識しておく

10．地域との付き合いや地元貢献の判断基準

- 人間関係は大切に、地元から仕事をいただくことを大事にする
- 地元で仕事ができなければ、他の大都市でもできないとわきまえる

- 地元だからといって人間関係に遠慮しない。言うべきことは言う
- 万人にいい人だと思われなくてもよい
- 「あの人に任せたらよい」と強く思っていただくことに意味がある

11. アフターサービスの判断基準

- 定期的な点検を3年、5年、10年で行う
- 築10年以上のお客様は、1件200〜300万円の受注金額を予定する
- 訪問時は楽しみにして訪問（営業しなくても仕事受注の機会だと捉える）

12. SNS発信時の判断基準

- お客様にアップしてよいかの事前確認をしてから掲載する
- 地鎮祭や上棟式の内容を特に意識して掲載する
- 見学会案内時に内容を掲載する
- 新商品の発表がある際に掲載する
- お客様から手土産等を頂いたときに掲載する

13. 誹謗中傷、ネット書き込みの判断基準

- 内容によって、私立探偵、弁護士、警察に相談する
- 闘う姿勢は見せておく（抑止）。法的に徹底的に対応する
- 専門業者に相手特定などを依頼する

14. 経営者の基本姿勢

- 汚れた世界は面白くない。仕事はきっちりやりたい
- 下請けはしない。適正な利益を確保する
- 危機感が薄れたことはない
- 人のため、お客様のために喜んでいただく仕事をする

7. 事業承継見える化コンサルティングの評価と総括

（1）コンサルティングの成果

　事業承継見える化コンサルティングにあたり、最初の面談から最後まで創業者（会長）と後継者（社長）の２人が参加し、まず、事業承継10か年計画とSWOT分析を行った。

　会社の今後の目標、ビジョンを明確に掲げることができ、会社の「強み」「弱み」を創業者、後継者が共有したことは有意義であった。その分析のなかで、各役員がどのような業務を行っているかも確認でき、職務権限移譲計画作成の助けにもなった。また、10か年計画のカレンダー作成にも役立った。

- 財産相続承継について会長所有の不動産を一覧表にし、会社所有の不動産とそれ以外の不動産に分けて、特に会社利用の土地については承継の重要性を説いた。
  時間はかかったが、会長は不動産の承継者をどうするのかを考え、なんとか結論を出すことができた。
- 会社株式については、社長からは会長に言いにくい「株式の移転の時期」や「株数」を具体的に決め、「毎年の贈与移転数」や「贈与税額等」を詳細に確定することができた。
- 会長や妻の引退後の役員報酬額や役員退職金についても、社長からは会長に言いにくい部分があり、その伝達役を筆者が行い、引退後の役員報酬額も具体的に決めることができた。
- 職務権限移譲計画作成では、会長が見えないところで行っている業務（すべての土地の除草、資材置き場の管理等）を社長が知ることができた。また、会長が、今まで自分が行ってきた苦労や大変なことは極力、社長にさせたくないという優しい気持ちも伝わった。
- このほか、会長の妻や他の役員の業務も一覧で把握することができ、将来、役員から部下従業員に権限を移譲する際の参考資料を作成することができた。

●経営判断基準づくりでは会社設立前の会長の個人事業の時代から沿革を作成し、どのような想いで会社を設立し、現在に至ったか会社継続のノウハウを後継者も交えて共有できた。会長は、将来は孫の3代目も継げるように発展する会社になればと願い、家族が近くにいて、お客様も周りにいる環境に囲まれてよかったと喜ばれた。

(2) クライアントからの評価

　財産相続承継については、最終的に公正証書遺言作成までたどり着き、会社株式の承継、会社使用不動産の承継について、承継者を遺言書に記入、事業承継にあたり不安材料を除くことができた。また会長から社長、妻をはじめ子どもに、その内容について説明し、家族全員が円満に納得できる承継につながった。

　最後に、報告書として「事業承継見える化ファイル」（上記のすべての書類や議事録、相続税試算、退職金試算株価移転シミュレーション等）を会長にお渡しした際には、「このファイルはわかりやすく、すべて過去からの経緯も書いてあり、宝物である。妻にも子どもたちにも共有化するようにする」との評価をいただき、また安心もされたようで、筆者としても、事業承継見える化コンサルティングでお役に立てたことはコンサルタント冥利につきるものであった。

❹ 「T 塗装工業所」の事業承継

―― 矢内 直人（アライアンス戦略研究所 代表）

1. 企業概要

株式会社 T 塗装工業所は千葉県内に本社をかまえ、関東一円を主たる営業エリアとするビルの外壁塗装会社である。直近の売上は 4 億円、従業員は 25 人である。同社の特徴は、ゼネコンを退職した所長クラスを顧問に招聘し、20 年来、技術や経営のアドバイスを受けていることである。

創業者である S 社長は現在 72 歳。息子は外資系企業に勤務し、会社を継ぐ意思がないことから、社員の中から次期後継者を指名することを決めている。

本来は 70 歳で M 専務に社長の座を譲る予定であった。しかし、新型コロナ感染症のせいで売上が半分に減少、営業赤字に転落。対外的な信用の問題も考慮し、権限移譲は 2025 年まで 5 年間先送りにすることに決定した。

2. コンサルティングの経緯

今回、「事業承継見える化コンサルティング」を引き受けたきっかけは、銀行からの新規融資を受けるに際し、事業承継計画の提出を求められたからである。

どんなものを作成して提出したらよいのかわからないので、経営革新計画と補助金申請を手伝った筆者に相談があり、コンサルティングを受けることとなった。

(1) 会社の課題

同社の事業承継上の課題は次の 3 つである。

- ●新型コロナで減少した売上、収支を回復させること
- ●後継者の M 専務にはゼネコン営業と新事業を任せているが、経理、人事、総務の引き継ぎがまだできていない。財務についての知識、銀行交渉の経験がない
- ● M 専務はサラリーマンであり、家族が銀行借入の保証人になることに消極的である

　この課題をふまえ、筆者は社長に現在の状況を説明し、事業承継見える化コンサルティングによる現状分析を行い、「10 年後の会社の未来の創造」と「後継者への引き継ぎの具体的なスケジュール」について、業務内容の見える化を提案した。

　あわせて、銀行借入が信用金庫に集中しており、これが将来の成長のボトルネックになることを避けるために、サブメインからの資金調達と公庫及び商工中金のさらなる活用を提案した。

3. コンサルティングのスケジュール

(1)「事業承継 50 のチェックシート」の活用

　今回の事業承継の見える化を提案する際に、T 塗装工業所は何ができて何が不足しているかを把握するために、「事業承継 50 のチェックシート」（第 3 章参照）を使いながら、社長にヒアリングを実施した。

　そこで浮かび上がったのが前述の課題であるが、これらをもとにコンサルティングのスケジュールを立てた（200 〜 201 ページ参照）。

4. 事業承継 10 か年カレンダー

(1) 社長が承継年齢を決めた理由

　2018 年に新工場を移転したときには、2 年後 70 歳になる年に M 専務に社長の座を移譲する計画であった。

　しかし、新型コロナ感染症による経済の停滞で業績が悪化、赤字に転落したこ

とから、この時期に社長交代すると変な噂を流され、対外的な信用を失いかねないと考え、75歳まで5年間先送りすることにした。

また、取引先のゼネコンに受注単価の見直し、追加工事の請求を認めてもらう交渉をしており、途中交代ができない事情もあった。

(2) 後継者や役員幹部の役職昇格の背景

S社長には48歳の息子がいる。父親とは違った仕事がしたいと大学を卒業し、外資系の会社に入社して海外で勤務しており、事業継承の意思はない。

社長が60歳になったころ、一時は付き合いのあるゼネコンから経営者を招聘することも考えた。しかし、顧問をしてもらっているゼネコンのOBから、「大企業にいた人間では、中小企業の社長は務まりませんよ。大変でも、社内で人望のある中堅社員を後継者として育てるほうがいいですよ」とアドバイスがあり、社内で後継者育成に的を絞った。

社長の頭の中には、2人の同期入社の社員の名前が浮かんだ。今のM専務とN部長である。どちらも高校卒業後に入社し、一から仕事を教え、営業と工事の経験を積ませてきたプロパー社員だ。

新工場移転時に、受注先との関係を重視し、M専務を現在の役職に昇格させ、次期社長とすることを決定した。

N部長には、M専務が社長になった際に右腕となってもらうために副社長のポストにする予定である。今回、事業承継10か年カレンダーを作成する際に、それぞれ社長、副社長に昇格した後任を誰にするか、その次の後継者の人選にも話が及び、10年間の組織体制が出来上がった。

(3) 売上10か年計画の根拠

S社長はアイデアマンであり、地球環境の温暖化対策への関心が高い。自社製品を開発し、ゼネコン工事の比率を落とし、工事と製造業の両輪を持つ会社にしたいという事業戦略を描いている。

① SWOT分析
事業ドメイン（領域）が多岐にわたるため、経営戦略を再考した。「縮小する

ビジネス」と「成長させるビジネス」を決め、「儲からないビジネスから」から「儲かるビジネス」にシフトするために、SWOT 分析を使って会社の経営資源や USP を整理した。

　いわゆる「会社の強み」「会社の弱み」「外部環境の機会」「外部環境の脅威」をクロス分析して、以下の戦略を抽出したわけである。

- 積極戦略 ————— 経営資源を投入して即実行する戦略
- 撤退縮小戦略 —— 事業を縮小するか撤退する戦略
- 改善戦略 ————— 自社の弱点を改善する戦略
- 差別化戦略 ——— レッドオーシャン市場でもライバルが撤退するなかで差別化を図る戦略

②売上計画

　事業承継 1 年目の 2022 年の売上は、コロナの影響で資材調達が遅れており、470 百万円となる見込みである。内訳は、ゼネコン売上が 329 百万円、自社工事 118 百万円、自社製品 23 百万円である。

　2 年目以降は、コロナでストップしていた工事も始まり、見積依頼が増えている。粗利率が低く工期も厳しいゼネコン工事受注を減らし、粗利率の高い自社工事にマンパワーを振り向けていく。また、M 専務を中心に自社製品の販売を軌道化させ、2027 年には売上 830 百万円、粗利率 26％、経常利益率 11％を目標とする。

（4）事業ドメインと基本方針

　事業ドメインは、工事部門がゼネコン工事と自社工事、製造販売部門が BtoB 部門と BtoC 部門の合計 4 つに集約された。

　経営の基本方針は、事業承継後も守ってほしい社長の想いを聞き、文書化したもので、「自らが学び、それを後輩に伝え人を育てる。常に新しいことにチャレンジし、1 つのビジネスに固執しない」は、真に S 社長の人生を反映した言葉である。

（5）幹部の役割分担

　幹部の承継後の役割分担では、後継者の M 専務も交えて、S 社長の引退から

逆算した役割分担を検討し、承継後の新組織のポストと育成方法についても話し合ったことを記載した。

(6) 資金対策

　資金対策では、銀行借入時の保証人については、業績がよくなれば保証人なしで借入ができることをM専務に説明した。また、相続対策では、株式譲渡を進めるためにM専務の役員報酬を増やし、株価が低いうちに株の譲渡を進めていくことを説明し、承諾を得た。

■事業承継見える化コンサルティング　スケジュール

	実施項目	4月		5月	
		前半	後半	前半	後半
事業承継10か年カレンダー	(1)第1回ヒアリングと指導 ●経営者、後継者へ「事業承継10か年カレンダー」の説明と了承 ●「事業承継50のチェック」ヒアリングの実施（経営者のみ）				
	(2)第2回ヒアリングと指導 ●個人年齢と役職予定の記入 ●売上概算予定確認 ●経営基本方針確認と記入 ●今後の各経営基本方針の確認				
	(3)第3回ヒアリングと指導 ●SWOT分析で「強み分析」「機会分析」「積極戦略」検討で事業領域の方向性確認				
	(4)第4回ヒアリングと指導 ●事業ドメインの整理と、ドメインに応じた後継者、役員幹部の役割責任の整理 ●財産相続承継関連、資金関係の確認				
職務権限移譲計画	(1)第5回ヒアリングと指導 ●現経営者の職務権限・仕事分析⇒日週月スポットの仕事分析				
	(2)第6回ヒアリングと指導 ●経営者、後継者と職務権限移譲計画の整理と確認をしながら計画表に記入① ●現状の権限や社内の問題点の整理				
	(3)第7回ヒアリングと指導 ●経営者、後継者と職務権限移譲計画の整理と確認をしながら計画表に記入②				
経営判断基準づくり	(1)第8回ヒアリングと指導 ●経営者、後継者へ他社の経営判断基準の解説と作成フォームの解説 ●経営理念から行動規範の確認				
	(2)第9回ヒアリングと指導 ●会社の歴史、沿革、失敗成功の事実と学びのヒアリング①				
	(3)第10回ヒアリングと指導 ●会社の歴史、沿革、失敗成功の事実と学びのヒアリング②				
	(4)第11回ヒアリングと指導 ●後継者自身の学び、経営判断指針のヒアリング ●経営判断基準の文言のチェックと修正				
確認	(1)第12回ヒアリングと指導 ●「事業承継10か年カレンダー」の最終チェックと修正確認 ●職務権限移譲計画の修正確認 ●経営判断基準の修正確認				

　S社長への役員退職金は、すでに保険積立に加入し対策済みである。

　事業承継10か年カレンダーを作成してみたS社長の感想は次のようなもので
あった。

　「事業承継についてはM専務に社長のポストを譲ることだけを考えていまし
た。しかし、いろいろ質問されながらこのカレンダーを埋めていくなかで、漠然
としか事業承継を考えていなかったことに気づかされました。これまでは2～3
年先のことしか考えてこなかったので、10年先から逆算して考えることの大切
さ、特に人を育てる『人財投資』が大事だということがわかりました」

会社名	㈱T塗装工業所
担当名	矢内直人

6月		7月		8月		9月		10月		11月		12月	
前半	後半	前半	後半	前半	後半	前半	後半	前半	後半	前半	後半	前半	後半

■事業承継10か年カレンダー（長期計画）

		2022年（現在）	2023年	2024年	2025年
役員年齢	S社長	72歳	73歳	74歳	75歳
	M専務取締役	52歳	53歳	54歳	55歳
	N取締役営業部長	52歳	53歳	54歳	55歳
職責	S社長	代表取締役社長	代表取締役社長	代表取締役社長	代表取締役社長
	M専務取締役	専務取締役（総務）	専務取締役（総務）	専務取締役（総務）	専務取締役（総務）
	N取締役営業部長	営業部長	営業部長	営業部長	営業部長
	K工事部長（62歳）	工事部長	工事部長	工事部長	工事部長
	O開発部長（45歳）	開発部長	開発部長	開発部長	開発部長
	F総務部長（44歳）	総務部長	総務部長	総務部長	総務部長
業績計画	売上（本体）	470,000	700,000	800,000	830,000
	経常利益	-9,400	55,150	77,753	91,108
	経常利益率（％）	0%	8%	10%	11%
経営基本方針 （経営理念・商君・経営者の姿勢等）		自らが学び、それを後輩に伝え、人を育てる。常に新しいことにチャレンジし、1つ 地球温暖化防止に貢献する。適切な利益を確保し、地域での雇用を増やしながら地域			
基本政策	工事部門（ゼネコン受注）	長期工事受注を徐々に減らしていき、当初見積もりと完成時の粗利の予実差異をなく			
	工事部門（自社受注）	粗利がとれて、工期の短い小口工事を増やし、回転率を上げていく。			
	自社製品売上（BtoB）	自社製品の施工方法を工務店向けに研修し、工務店の付加価値が上がるようにしてい			
	自社製品売上（BtoC）	ヤフーショッピング、楽天、モノタローなどのECサイトで、DIYリフォームを行う			

会社名	㈱T塗装工業所	
作成日時	2022/12/1	
参加者	S社長	M専務
指導者	矢内直人	

2026年	2027年	2028年	2029年	2030年	2031年	2032年
76歳	77歳	78歳	79歳	80歳	81歳	82歳
56歳	57歳	58歳	59歳	60歳	61歳	62歳
56歳	57歳	58歳	59歳	60歳	61歳	62歳
代表取締役会長	代表取締役会長	代表取締役会長	代表取締役会長	代表取締役会長	顧問	顧問
代表取締役社長	代表取締役社長	代表取締役社長	代表取締役社長	代表取締役社長	代表取締役社長	代表取締役社長
取締役副社長	取締役副社長	取締役副社長	取締役副社長	取締役副社長	取締役副社長	取締役副社長
退職						
取締役開発・工事部長	取締役開発・工事部長	取締役開発・工事部長	取締役開発・工事部長	取締役開発・工事部長	専務取締役	専務取締役
取締役総務部長	取締役総務部長	取締役総務部長	取締役総務部長	取締役総務部長	常務取締役	常務取締役
830,000	830,000	830,000	830,000	830,000	830,000	830,000
91,108	91,108	91,108	91,108	91,108	91,108	91,108
11%	11%	11%	11%	11%	11%	11%

のビジネスに固執しない。笑顔でお客様の立場に立ち、最適工事をお届けする。建物の長寿命化を進める新製品の開発を進め、とともに発展を目指す。

していく。

く。投資リスクを抑えるために、OEMで生産してもらえる拠点づくりを行う。

一般消費者向けに販売する。YouTubeで広告動画配信を行い、ユーザー数を増やしていく。

	2022年（現在）	2023年	2024年	2025年
事業ドメイン（領域）・経営戦略	ゼネコン受注（70.0%）	ゼネコン受注（60.0%）	ゼネコン受注（56.0%）	ゼネコン受注（50.0%）
	自社受注（25.0%）	自社受注（34.0%）	自社受注（37.0%）	自社受注（40.0%）
	自社製品 BtoB（5.0%）	自社製品 BtoB（5.0%）	自社製品 BtoB（5.0%）	自社製品 BtoB（8.0%）
	自社製品 BtoC（0.0%）	自社製品 BtoC（0.5%）	自社製品 BtoB（1.5%）	自社製品 BtoB（2.0%）
	粗利率 23%⇒25%			
	自社製品生産のための機械導入、売上の拡大（比率 5%⇒10%）			

経営幹部毎基本役割	S 社長	経営全般の責任、自社製品製造の統括責任、対外的な活動、資金調達、会社の経営計画作成
	M 専務取締役	営業全般の責任。大手ゼネコン受注の総括責任。受注管理、業界の付き合い、情報交換。F 総務部長から総務、会計について学ぶ
	N 取締役営業部長	営業全般の副責任。自社工事受注の総括責任。顧客管理、業界の付き合い、情報交換
	K 工場長	工事全般の責任。安全衛生管理、外注先管理、一般顧客管理の責任者。後任候補の O 開発部長の指導
	O 開発部長	工場の新製品開発、工事部門の責任（施工技術と人材教育）
	F 総務部長	経理、総務全般の責任、共同開発依頼の責任者、製品の販売単価決定
	K 工場長	工場の責任者。工場のプログラム、人員配置、労務の責任者、機械の選択

資金・財務対策	退職資金、相続税資金、大型投資等	社長、専務については付保済。退職金制度は建築退職金協を導入済み			副社長への付保（退職金準備）
相続税対策	株の譲渡、遺言状，相続対策		専務に 30%譲渡		営業部長に 15%譲渡
金融機関対策		資本性ローン導入 金利交渉	メイン銀行、保証協会経営者保証免除交渉開始		個人の居宅担保を抜く交渉開始
その他承継に関する予定		●「事業承継10か年カレンダー」作成 ●承継計画を金融機関へ報告	●経営計画書作成（社長とM専務を中心に） ●行動規範・経営判断規定作成（社長とM専務） ●取締役職務責任文書化		

2026 年	2027 年	2028 年	2029 年	2030 年	2031 年	2032 年
粗利率 25%⇒ 28%						
自社製品の OEM 生産開始　自社製品の粗利 40%						
対外的な活動（地域、業界、商工会議所、県、大学等）、外部機関とのネットワークの構築					顧問として経営監査業務（工場）	
後継者として経営全般の責任を負う。対外活動以外はすべて責任を持つ。会社の経営計画作成						
副社長として経営全般を見ながら社長の右腕として補佐						
定年退職（継続雇用）……本人が健康で働く意思がある限り働いてもらう。新入社員、販売業務の研修担当						
営業全般の責任。大手ゼネコン受注の総括責任。取締役として社長の補佐を行いながら経営全般を学ぶ					専務取締役に登用	
取締役として社長の補佐を行いながら経営全般を学ぶ。資金調達					常務取締役に登用	
工事全般の責任。安全衛生管理、外注先管理、一般顧客管理の責任者						
保険解約により社長退職金支払						

5. 職務権限移譲計画

（1）日週月の仕事分析から浮かび上がった経営者の行動と方針

　S社長の仕事分析から見えてきたことは、「社員の様子に気を配っている社長」だという点である。朝礼の社長あいさつは、自分の想いを伝えることが主で、社員への声掛けや表情のチェック、作業工程ボードのチェックまで行う社長は珍しい。

　また、新たなことにチャレンジするのが好きで、研究熱心かつ教育熱心であり、何事も自分が率先してやりたい性格だということである。このことが、中小企業でも特許技術を持つ会社になっているゆえんかもしれない。

　反面、経理や資金調達といった財務面については苦手で、税理士に任せきりのところがある。特に、見積りについては受注時には採算がとれるかどうかの検討が行われているものの、完成後どれだけ利益がとれたかについては把握できていない。俗に言う「どんぶり勘定」となっており、予実管理が必要である。

（2）職務権限移譲計画を話し合う過程での気づきと学び

　S社長は自らを「職人」と呼ぶくらい、思いつめたらまっしぐらな性格で、技術や新商品開発の話になると止まらなくなる。

　M専務は普通科高校卒業後入社し、技術を一から学び、34年間一緒に仕事をしてきたので、社長の性格も知っており、後継者指名を受けているので、面談は和気あいあいとした雰囲気で進んでいった。

　ヒアリングを進めていくと、社長から「あそうだ！　M専務、これもお願いしたいと思っていた」とか、「これはまだ私がやったり専務がやったりしているな。もう専務に任せるよ」といった発言が出てきた。

　一方、M専務からも「Kゼネコンのゴルフコンペの出席は私にやらしてもらっていいですか？」とか、「新しい商品のYouTube広告は私に任せてください」と具体的な移譲項目があがり、スケジュールが書き出されていった。

　移譲のスケジュールがなかなか決まらなかったのは、次の 2 つである。

　1 つ目は、商工会議所や業界関係者との付き合いである。これは今後、会社の利益に貢献するものか、個人的なものかで判断することにした。

　2 つ目は、金融機関交渉の引き継ぎである。金融機関からの融資と資金移動、決算の決定、事業計画書の話になると、突然社長の歯切れが悪くなり、M 専務も不安げな顔になった。社長には、以前銀行から言われた「2 期連続赤字が続くようだと、社長が会長になっても個人保証は抜けませんよ」という言葉が引っ掛かっていたようである。

　そこで筆者は次の提案を行うこととした。

　「社長、ここは M 専務の銀行評価を高めるチャンスですよ。2 人で一緒に 5 か年の中期経営計画書を作成して銀行に提出しませんか？　最初は私も同席します。毎月の実績と今後の見通しを報告してください」

　「M 専務、取引のない T 銀行に融資相談に行きましょう。場数を踏む練習だと思ってください。断られても問題ないです」と提案し承諾を得た。

　そして、表にあるとおり B（経営者と後継者が一緒にやる）から A（後継者に任せる）が増えていった。

　S 社長の感想は「これまでの権限移譲が計画どおり進まなかったのは、移譲すべき内容もロードマップも私の頭の中にあるだけだったからですね。共有化されたアウトプットはありませんでした。仕事がお互い忙しいので言葉で伝えればいいと思っていました」であった。

　M 専務からは「社長からこれ頼むぞと言われるだけで、社長の仕事がじつはこんなにたくさんあるのだということを初めて知りました。自分だけではこのシートは作れませんね。ヒアリングが終わったらシートが出来上がっているので、できていないところを社長に聞いて教えてもらうのにも役立ちそうです」との感想であった。

■経営者・後継者の権限移譲項目・業務責任整理一覧表

○デイリー、ウイークリー、マンスリーの各業務は、具体的な表現にする。
○後継者に移譲する業務では、「どこまでやるべきか達成基準」まで記載しておくと後継者はイメージしやすい。
○「後継者に移譲する期限」はおよその予定年を記入する。

		経営者・後継者のデイリー決裁・判断業務	どこを注意して決裁判断するか（重点ポイント）	後継者に移譲する期限、移譲しない場合は×		経営者・後継者のウイークリー決裁・判断業務
一般業務（会長・社長でなくてもよい業務・作業名・実務業務名）	1	工場の裏の緑地の整備		お客様が来ても不快感を与えないように。無理にとは言わない		拡大幹部会
	2	全体朝礼挨拶	社員の表情チェック、会社の課題の伝達、1日のスケジュールと目標の確認	後継者と当面交代で実施	月	
	3	工場の昼礼	業務の確認と調整、課題・改善事例の進捗確認、開発の指示	工場長に移す		
	4	顧客、業者の慶弔事の決裁	弔事は優先判断。付き合いランクでより上位者がいくよう指示	当面実施		
	5	社員のスケージュール確認	誰がどこに行っているか確認、気になるところの確認	後継者に移す	火	
	6	メールのチェック（社内・社外約40通）	お客さんへの対応を優先、特に開発	自分宛以外は後継者に移す		
	7					
	8				水	
マネジメント業務（指示・管理・部門間調整・会議等）	1	稟議決裁	購入理由を質問し確認、金額の妥当性	受注値引以外は後継者に移す		
	2	支払決済	支払予定表に沿っているか。仕入・外注費と売上の関連は意識する	工場関連支払決済は2023年には譲る		
	3	工場の部門会議	生産状況と原価チェック	後継者に移す	木	
	4	工事営業会議	売上と受注、利益率の確認。工事の遅れ、入金予定の確認。外注の労務管理の確認	後継者に移す		
	5	見積チェック	外注単価と工事日数	後継者に移す		翌週の工事日程チェック
	6				金	
創造的業務（改善・企画立案・計画）	1	開発会議・販売会議	新規商品のアイディア出し、具体化への検討	当面実施		
	2	お客様アンケート	新たな商品につながる課題がないか	当面実施		
	3				土	
	4					

		記入日	2022年7月25日
		会社名	（株）T塗装工業所
		役職・氏名	S社長

どこを注意して決裁判断するか（重点ポイント）	後継者に移譲する期限、移譲しない場合は×		経営者・後継者のマンスリー決裁・判断業務	どこを注意して決裁判断するか（重点ポイント）	後継者に移譲する期限、移譲しない場合は×
課題の決裁、提案事項の検討。受注、売上の進捗会議	2023年から後継者に移す	月初	1日—経営会議	各部の前月の結果と今月の予定・課題確認	司会は後継者
			営業会議に参加	課題の決裁、提案事項の検討。受注、売上の進捗会議	司会は後継者。当面は自分で実施
		中旬	工事営業会議	売上と受注、利益率の確認。工事の遅れ、入金予定の確認。外注の労務管理の確認	後継者に移す
			資金繰り計画	経理から資金繰りの予実提出	後継者に移す
		下旬から月末	25日給与のチェック	社員の給与のバランス、過度の残業がないか	後継者がチェック、最後の確認のみ
			外注先支払い	一社に偏っていないかどうかバランスを見る	2023年から後継者が実施
			翌5日支払の振込予定確認	各部門からコメント内容を確認しながら決裁	2023年から後継者が実施
			経営者・後継者のスポット決裁・判断業務	どこを注意して決裁判断するか（重点ポイント）	後継者に移譲する期限、移譲しない場合は×
		1	銀行回り	銀行へ実績報告。質問に対する対応	後継者と一緒に実施
		2	7月に決算確定	税理士事務所と協議	後継者を入れる。最終判断は当面自分が実施
工事進捗状況の確認、特に遅れがないか	2023年から後継者に移す	3	全社安全大会	ヒアリハット、欠席者のチェック	後継者に移す
		4	6月来期経営計画書作成指示	各部門と調整開始、前期反省と全社の数値目標設定	自分と後継者と総務部長
		5	8月経営計画発表会実施	各部の責任者が具体策と収支計画を発表	司会は後継者
		6	6月夏期賞与決定、7月支給	賞与は経営計画と実績から判断。人事考課結果をチェック	自分と後継者
		7	4月 昇給決定	既定通り以上に昇給が必要な場合の選定と金額決定	自分と後継者
		8	11月 冬期賞与決定 12月支給	賞与は経営計画と実績から判断。人事考課結果をチェック	自分と後継者

■現社長の職務権限移譲項目の整理表

会社名　（㈱）Ｔ塗装工業所）
作成者　（矢内直人）

① 現社長が今、どういう業務を直接行っているか、直接の権限として決裁・決定しているかを整理する。
② 各業務の大まかな内容を表現する。（後継者に理解してもらうため）
③ 各職務権限から、この１年間で業務移管、責任移管したい項目をＣ、Ｂ、Ａの３段階で決める。
④ 　　　〃　　　今後３年以内で業務移管、責任移管したい項目をＣ、Ｂ、Ａの３段階で決める。
⑤ 上記③④の検討段階では、現社長と後継者または第三者を交えて行うとスムーズにいく。

当面自分がやらねば問題になる（ややこしくなる）	C
少しは後継者に経験を積ませてもよい（一緒にやるほうがよい）	B
後継者に任せたほうがよい	A

	①現社長が現在、直接の権限で実施していること	②大まかな内容	③今年中（2022年に移譲）	④３年以内（2025年）までに移譲
1	商工会議所や業界関係の付き合い	商工会理事や組合役員	C	B
2	社外関係の行事やイベントへの出席	取引先の慶弔やイベント出席	B	A
3	実印の管理	実印は印鑑証明書添付の書類のみ押印	C	B
4	銀行㊞の管理	借入、預金引き出し	B	A
5	支払等資金関係の決裁	稟議の決裁、支払決裁	B	A
6	就業規則や諸規則の改正の決裁	規則変更や諸規則追加の決裁	B	A
7	社員の給与賞与決定	昇給・賞与の決定	A	A
8	幹部の給与賞与決定	昇給・賞与の決定	B	A
9	役員報酬の決定	報酬の決定	C	B
10	社員の人事異動の最終承認	昇格、昇進、異動の決定	A	A
11	幹部の人事異動の最終承認	昇格、昇進、異動の決定	C	A
12	社員採用の最終承認	採用の最終決定や面接	A	A
13	外注先の決定	外注先選定の承認	C	B
14	粗利25％以下の受注承認	目標粗利以下の工事受注の判断	C	B

	①現社長が現在、直接の権限で実施していること	②大まかな内容	③今年中（2022年に移譲）	④3年以内（2025年）までに移譲
15	新規商品開発・改良の責任	新商品戦略の決定	A	A
16	広告宣伝	新商品のマーケティング戦略	A	A
17	顧客政策の最終判断	顧客別の取引方針の判断	B	A
18	価格政策の最終判断	価格の決定、損切りの決定	B	A
19	金融機関との付き合い	決算書の報告や交際	B	A
20	金融機関からの融資と資金移動	融資申し込み、条件	B	A
21	決算の決定	税理士と打ち合わせして決算を決める	B	A
22	外注管理、仕入管理と判断	外注先毎の方針決定	A	A
23	経営計画・年度方針の策定	数値計画と行動計画の決定	B	A
24	営業全般の責任者	取引先への対応	A	A
25	旅費交通費、出張の稟議決裁	出張の判断	A	A
26	接待交際費の稟議決裁	交際の判断	B	A
27	新規顧客開拓の率先垂範	新規開拓の実践	A	A
28	生産管理全般の責任者	設備投資の決定	B	A
28	工場全体のリスクマネジメント	労災、リスマネの対応	A	A
30	朝礼	会社の課題の伝達、1日のスケジュールと目標の確認	B	A
31	参加会議	経営会議、幹部会議	B	A
32	参加会議	営業会議、製販会議	A	A

6. 経営判断基準づくり

(1) 会社の沿革

年齢	会 社 沿 革
	出来事
18歳	東北の小農家に育った社長は、農協から勧められ機械や肥料を買い、収穫量を増やすために頑張ったが、結果的には借金だけが残ることに大きな疑問を抱いていた。農協の言いなりではなく、農協に依存しない農業を目指そうと考えた。
22歳	大学の農学部を卒業。千葉県柏市に仲間と実験農場を始める。
	自分たちの農場を作る資金を稼ぐために塗装工事のアルバイトを始める。
	農場の経営を学ぶために全国の農場に学びにいく。
	塗装工事の国家資格を取得。2級から1級と資格が上がるにつれ賃金が上がり、現場を任されるようになる。
35歳	塗装工事会社を個人創業し独立。
	農場が工業団地造成計画地となり売却。
	売却代金で借入を返済し、残ったお金で工場と塗装機械を購入。
36歳	T塗装として有限会社を設立。資本金1,000万円。
	S社の協力工場として、松戸・柏地区の大手ゼネコンS社の工事を任される。
	従業員15人、うち障がい者5人。
49歳	大手ゼネコンS社の一次下請けに……S社の社長が仕事ぶりを認めてくれる。
	バブルがはじけ、土地価格が値下がり。
	S社の協力会の副会長を任されるまでに会社が成長。
	塗装工業会の技術・研修委員として業界の発展に力を注ぐ。
51歳	バブル崩壊、消費税導入で消費が冷え込み工事受注が減少。
	S社を退職した所長を顧問に招聘。
56歳	株式会社に組織変更。
	生き残りをかけて自社工事受注に進出。
63歳	リーマンショック。
	ゼネコン工事が減る中で自社工事が伸びる。大学の工事受注に成功。

65歳	東日本大震災発生。
	東日本大震災からの学び。
	当社の提案した塗装工事が認められる。
	建物の長寿命化に向けた特殊塗料の開発を開始、研究所を開設。
	メーカーが作ってくれなければ自分たちで作るしかない。
	経営革新計画申請承認を受ける。
68歳	自社工場建設。
	1,300坪の空き工場を取得。投資金額3億円。
	銀行から紹介された物件を購入、当初予定していた金額をオーバー。
	背伸びした投資は危険 ➡ 一足飛びに大きな成長はできない。
	公庫との協調融資にすべきだった ➡ 金融について無知だった。
70歳	新型コロナ発生。
	受注減少。
	銀行にすすめられて買った投資信託売却、売却損発生。
	コロナ融資で救われる。

（2）会社沿革の整理過程で、経営者と後継者の変化や気づき

　社長が塗装業に飛び込んだのは「収入の手取りがよかったから」というのには、筆者もM専務も驚いた。社長のチャレンジ精神のルーツが「生産性を上げても手取り額が変わらない建設業の古い体質を変えたい」というところからきていることもわかった。

　東日本大震災の被災地の支援では、この考えが生かされた。他社で3か月かかる仕事を1か月で完成させ、提案力が認められ、自社工事受注を始めるきっかけになったという。

　失敗から学ぶ教訓としては、新製品の開発で、自社が製品を完成させたものの特許を元請に取られてしまい、会社では作ることも販売することもできなかったという苦い経験をしている。これが、社長が口癖のように言う「特許がないと……」の背景である。

　また、銀行から勧められ投資信託商品を購入したところ、資金が必要となった

ため売却せざるを得なかったときに、運悪く値下がりして損をした。それからは銀行の言うことが信頼できなくなったという。

（3）経営判断基準

　社長に、経営判断はこれまでどうやって決めてきたかを聞いたところ、「われわれは下請け仕事なので、経営判断とすれば、今回の仕事がどれだけ儲かるかどうかぐらいですかね」という答えが返ってきた。

　多くの中小企業では「経営理念」や「行動指針」を作っていても、経営判断基準を作成しているところは少ない。

　設備投資の判断は「取引先からの要請」や「これを作ったら売れる」といった「成り行き」や「唯我独尊」である。特に創業社長は「自分がバイブル」であり、後継者に向けて経営判断基準を明文化しているところは少ない。明文化こそしてはいないが、明確な基準として持っているのは、「本業以外の儲かる話や、株や土地投資はするな」といった過去の失敗からの戒めを込めた経営判断基準ぐらいだろう。

　そこで、用意した他社事例を見せながら、社長の「実体験に裏打ちされた判断基準」と、後継者の考えも聞きながら共同作業を行った。

　社長とM専務を交えて作り上げた経営判断基準が、次ページに掲載している一覧表である。

　今回の経営判断基準づくり作成の過程で、印象に残った社長の言葉は2つある。

　1つは、「M専務、いろいろ悩んで判断に困ったら笑顔の数で決めるのがいい」である。「これは儲かる」と思って取り組んだケースは売れずに失敗することが多々あった。逆に、採算より「困っている人を助けてあげよう」と思って取り組んだケースは、「お客様や社員の喜びの顔」が浮かび、成功したそうである。

　2つめは、「人材の良し悪しは成績で選ぶのではなく、これまでの失敗で判断する」である。その真意は次のようなことであった。

　「自分の失敗を話せる人間は、改革意識も安全意識も高く、大きなミスをしません。当社は入社後全員に全額会社負担で資格を取らせます。『辞められたらもったいないじゃないか』とよく仲間に言われます。しかし、その多くはまた戻ってきて、以前より文句を言わず働いてくれています。そして、かけがえのない人財になっています」

M専務もこの出戻りの1人である。

「資格を取ると他社からの誘いもあり、稼げると思って会社を辞めました。しかし、実際に入ってみると、今で言う"超ブラック企業"で休みもとれない。深夜までの残業続きで、結局体を壊し出戻ってきました。それからは頑張って働き、それを社長が評価してくれたのに感謝しています」

とM専務は語ってくれた。

じつは、M専務を次期後継者に指名した理由が「出戻りだから」と後日社長が教えてくれた。

こうして出来上がった経営判断基準をもう一度見ると、社員を大切にしたいという社長とそれを引き継ぐ専務の想いが込められている。

経営判断基準

1. 経営判断に迷った時の判断

- 経営の最終判断をするには心身とも健康でなくてはならない
- 判断に迷ったときには、家族、社員、お客様の喜ぶ顔が浮かぶか。浮かばなかった時にはその判断は間違っていると思え

2. 新製品開発の判断

- お客様の悩み、痛み、クレームを解決する商品であるか、モニタリングができているか
- いくら技術的に優れた商品ができても売れなければ失敗である
- 40%以上の付加価値はあるか
- 他社の既存商品と競合する場合は、コストダウンで価格差を10%以内にすることができるか
- 基礎研究は重要だが、顧客目線に立った開発でなければならない

3. 設備投資の判断

- その投資によって「生産性がアップしてキャッシュを生む」かどうか
- 3年で収支トントンとの予測がつくか、5年で設備投資を回収できるか（建物は10年）
- キャッシュを生まない投資（本社・研究所）は「より慎重に、より軽く」が基本であり、賃借をまず考える
- 設備投資は全額借入に依存しない。借入先も公庫・商工中金を必ず入れる
- 返済のいらない補助金が使えないか。優先順位は補助金 ➡ 借入

4．人材採用の判断

- 人件費が一番高いコストである。採用したら切ることができない。一生付き合える人間かどうかを見極める
- 適正労働分配率を超えた場合の採用は慎重に行う
- 過去の失敗とそれに対する対策を聞け。チャレンジした失敗は可
- 親への依存体質がある人間は採用しない。自立しているかを採用基準にする

5．仕事の判断

- 完璧でなくてもごまかしのない仕事、仕事の結果を常に検証し次につなげる
- 仕事は楽しく、笑顔で行えているか、笑顔が消えたらその仕事を疑え
- 外注先に無理を強いるな。人生は因果応報、与えていくことで、人脈が広がり仕事につながる
- 仕事は奪い合うのではなく、ネットワークを組み分け合う。それぞれが持つ強みを掛け合わせる
- 生涯働ける会社づくりと高齢になった社員の技術・経験の伝承を考える

6．人材評価の判断

- 人材評価は行動結果で判断する
- しっかり指導したうえでの失敗の許容範囲は2回まで。3回目の失敗は適性なしと判断

7．役員・管理者登用の判断

- 嘘をつかない、正直な性格以外はNG（能力があっても、これは絶対遵守）
- 部下に好かれているか、疑われる行為はないか、部下の教育ができているか

8．資金対策に対する判断

- 資金計画は12か月先行管理を行う
- 固定費の3か月分の預金がなければ借入の繰上げ返済はしない
- 借入は1行に依存しない。常に競わせる環境を作る。公庫と商工中金とのバランスをとる
- キャッシュが出ていく節税は慎むこと。銀行のすすめがあっても株式投資はしない

9．顧客との価格交渉時の判断

- 原則、無抵抗に値下げを受諾しない。追加工事の値下げは担当者レベルで受諾しない
- 値下げ要求があった場合は、議事録を作り報告する。（必ず文書で残す）

10. 受注拒否の判断

- 原則、見積り段階で粗利が25％以内の受注はしない。
- 契約までの当初予定と大きく違う仕様変更や追加工事があった場合は、必ず仕切り直しをし、見積りの再発行を行う。所定利益が出ない場合には断る

11. 赤字受注の判断

- 原則、赤字受注はしない
- 赤字受注での受け入れ条件は、LTVが上がるかどうか
- 薄利の売上に走ることは慎み、常に利益を優先した営業活動を行う

12. 安全管理・健康管理の判断

- 常に朝のラジオ体操、朝礼で健康状態の確認を行う
- 前日遅くまで深酒をすることは厳に慎む
- 健康診断は外注先も含め必ず実施し、異常が見つかった場合には必ず健康指導、再検査を実施する

13. 労災発生時の判断

- けが人発生時、安全確保に努め119番通報
- 即、社長に報告する
- 労災手順に沿って行動する

14. 地域との付き合いや地元貢献の判断

- 地域あっての会社であることを認識し、町内行事には積極的に参加する
- 地域への金銭的な貢献、地域行事への労務貢献は大事な経営活動である

15. 社長の基本姿勢

- 決断を先送りしない。胆力をきたえること

7. 事業承継見える化コンサルティングの評価と総括

（1）コンサルティングの評価

　S社長からは、今回の事業承継見える化コンサルティングについて、以下の3つの評価をいただいた。

　1つめは、後継者の専務と考えの共有ができたことである。なかなか2人のスケジュールが合わず、話し合う機会が少なかった。専務は立場上、これまで事業承継について自分の考えを社長に話せなかったようである。

　今回は、同社のSWOT分析を行うことで2人からそれぞれの考えが出され、今後の方向性のベクトル合わせができた。また、「売上重視の経営」から「利益から逆算した経営」に切り替えていくとの方針も立てることができた。

　これまで事業承継は頭の中でしか考えていなかった。しかし、事業承継10か年カレンダーを作成し、会社の今後のビジョンや目標を明確にしていくことで、経営幹部がどのような業務を行っていくかが明確になった。職務権限移譲計画書づくりだけでなく、社員の育成計画づくりにも役立った。

　2つめは、「現社長の業務がいかに多いか」ということ。経営判断を的確に行う時間を増やすために、今後業務を見直し、社員に権限移譲を進めていく必要があることを認識できたことである。「社長の業務は判断と決定」である。

　3つめは、社長自身の経営判断基準が明確になったことで、これまでのように悩むことや判断のブレがなくなるというものである。M専務からも「経営判断基準があることで、後継者が間違った方向にかじを切ることも避けられる。何より、会社の沿革と過去の失敗談も聞けたことがよかった」と喜ばれた。

（2）成果が上がったこと

　利益目標を決めて逆算した経営計画書を作るために、これまでに受注した物件の見積と完成時の利益を洗い出したところ、長期工事は差異が出ていることがわかった。大型の長期工事の新規受注を見合わせ、社長が受注先に丁寧なお断りを入れ、小口でも採算のよい工事をとることに努めた結果、受注が増え、収益が向

上し、資金繰りも楽になってきた。

　業況が好転していくなかで、後継者である専務の目の色が変わり、経理関係も一所懸命勉強するようになった。

　今回作成した事業承継の各シート（ドキュメント類）をＴ銀行に提出したところ、事業性が評価され、保証人なしで資金を借りることができた。公庫からも協調で新型コロナ対策資本性ローンを導入することもできた。

あ と が き

　本書で紹介した「事業承継の見える化コンサルティング」の事例では、担当した4名の共著者は、現経営者・後継者からかなり高い評価を受けた。

　その要因は、「事業承継の見える化ノウハウ」が徹底したヒアリングによる聞き込みと、先方に考えるヒントや事例を多用する仕組みで出来上がっているからである。

　各社のケースの末尾に記載している「クライアントからの評価について」実際のコメントを見ていただきたい。現経営者が日ごろあまり言葉にしない経営の深い想いの箇所を徹底的に聞き込むことで、「経営者の潜在的な想いを文字化」することができた。つまり、「事業承継の見える化ノウハウ」とは、単にフォームに書くためではなく、現経営者・後継者に深く聞き込むことで、適切かつ有効な情報（教訓やノウハウになる）が引き出される仕組みになっている。

　この4社の事例だけでなく、弊社がこれまで「事業承継の見える化コンサルティング」を行ってきた30数社についても同様の評価をいただいているので、本書で解説したコンサルティングの手順やツールは有効に使えるものと確信している。

　「事業承継の見える化ノウハウ」によって、多くの中小零細企業の「円滑な継栄（継続的に繁栄する）の引き継ぎ」に役立つことができれば、著者としてこのうえない喜びである。

嶋田　利広

【主要シート類の入手方法】

　㈱アールイー経営のメルマガや、㈱マネジメント社からのメルマガ登録をすると、本書に掲載されている主要シート類（事業承継チェックシート50、事業承継10か年カレンダー、アンゾフマトリックスヒアリング、中期（3か年）経営計画、職務権限移譲計画等）を無料で入手することができます。

　詳しくは https://mgt-pb.co.jp/shokei/ にアクセスしてください。

《執筆者 Profile》

小城 麻友子（おぎ・まゆこ）
小城麻友子税理士事務所所長 税理士
Office　東京都文京区　https://ogimayutaxoffice.tkcnf.com/

大学卒業後、会計事務所のほかベンチャーキャピタルで投資事業組合の資金運用等の業務、事業会社でのM&A関連の投資先発掘などに携わる。

2008年10月独立開業。TKC東・東京会で研修所長、書面添付推進委員長（2022年現任）を務める。研修所長就任期間は3年連続の年度目標の達成、所属地域会における一定時間数の研修受講事務所割合で、全国2位の実績を出す。

日本政策金融公庫の貸出先向け決算書の見方・活用の仕方、行員向け税制改正、商工会議所での金融機関と仲良くするための決算書・インボイス制度、住宅メーカーの営業店において相続対策など、多数のセミナー講師を務める。

事業計画策定や経営改善計画業務においては、信用金庫等からの依頼を受け、貸出先に対して、4年間で14件の経営改善計画を策定した。

事業承継について
開業直後から顧問を務めていた関与先の社長が急病になったが、すぐに跡継ぎが見つからず、廃業を余儀なくされた。その際、専門家としてもっと早くから承継の検討を経営者に働きかけていれば、同社には違った未来があったのではないか。

事業承継のさまざまなことを見える化して、早い段階から、経営者に考え、気づき、行動してもらうプロセスを多くの経営者に広めていきたい。

事業承継見える化コンサルティングでの「強み」
- 同族経営・親子経営の仲裁機能、橋渡し機能
- 事業承継全般の「見える化」「文字化」では、顧問先・クライアントの負担や宿題なしで、「現場でヒアリングをしながら、その場で文字化・見える化し作成する
- ヒアリングはコーチング技法を使い、経営者も後継者も「自ら気づき、自ら行動改善」をするマインドにもっていくノウハウがある
- 女性経営者、女性後継者にもソフトに、感情を大事にしながら「事業承継の支援」ができる

女ヶ沢 亘（めがさわ・わたる）
女ヶ沢亘税理士行政書士事務所 代表
税理士　行政書士　ファミリービジネスアドバイザー
Office　東京都墨田区両国　https://www.kaikei-home.com/bc-tax/

大学卒業後、都市銀行（融資渉外部門・信託プライベートバンキング部門）、大手会計事務所幹部を経て、2010年に独立。ファミリービジネスコンサルティングの手法を取り入れ、同族企業の事業承継業務を数多く手掛ける。

著書に『家族円満で進める事業承継成功術』（幻冬舎）などがある。

事業承継について
事業承継問題は株式承継対策への関心が高いが、後継者育成を含む事業承継の方針、オーナーから後継者への権限移譲方針等の共有ができていないことなどから生じる問題、いわゆる事業承継に関する問題への対応が遅れている。多くの会社では、事業承継への対応は無施策で行きあたりばったりの状態であり、結果としてM&Aに頼らざるをえないという例も多い。

事業承継で「何から手を付けたらよいのかわからない」といったオーナーや後継者にも、現状分析から問題提起、事業承継の方針の作成とその共有ができ、それらの文書の作成（見える化）を通じ、やるべきことが明確にできるというメリットが大きい。何より、オーナーと後継者が共に承継問題を考え、必要な心構えや行動を認識しあえる機会を作れる。

事業承継見える化コンサルティングでの「強み」

- ●ビジネスコーチング、ファシリテーション技術を用いて「見える化文書」の作成
- ●ファミリービジネスアドバイザーとして同族企業の「ビジネス」「ファミリー」「オーナーシップ」の各サブシステムの視点から事業承継支援
- ●キャッシュフローの状態に着目した事業計画進捗のモニタリング
- ●事業承継支援のオーナー家を巻き込んだ会議、モニタリング結果報告会の運営

金川 歩（かねかわ・あゆみ）
MGS 税理士法人北大阪事務所 税理士
Office　大阪府摂津市　https://www.e-mgs.or.jp/

一般企業・資産家の税務顧問業務、相続税申告業務、ハウスメーカーや銀行・証券会社など金融機関への出向を通じて、事業承継相談業務を行う。また、金融機関やコンサルタント会社の営業担当者や法人顧客向けに事業承継セミナーや勉強会の企画・運営を行う。
2012 年 7 月から、韓国ソウルに所在する KPMG サムジョン会計法人に 3 年間、韓国の税法、特に韓国相続税法を学ぶために勤務。帰国後、MGS 税理士法人に入社し、事業承継セミナーや勉強会の企画および運営を行う。

事業承継について

税務を中心とした事業承継の対策については行っていたが、創業者の想いや会社の経営、業務などはどのように後継者に効率的に伝えていけばよいのかを常に考えていた。2019 年 8 月に「事業承継戦略アドバイザー検定初級コース」、2022 年「同　マスターコース」に参加し、事業承継の見える化について実例を学び、習得した内容をその後の事業承継コンサルタント業務にも活用している。

事業承継見える化コンサルティングでの「強み」

- ●一般企業、資産家の事業承継業務、相続税申告業務
- ●会社株式の移転方法や経営者所有の不動産の移転方法
- ● SWOT 分析を専門とする他部署との連携による多角的な事業承継コンサルティング
- ●会社の事業承継だけではなく、創業者の個人所有財産の相続承継のアドバイス
- ●クライアントの準備物ゼロ、宿題ゼロ。頭、記憶だけご用意いただくだけ

矢内 直人（やない・なおと）
アライアンス戦略研究所代表 経営コンサルタント
Office　三重県津市　https://miealliance.jp/

大学卒業後、中小企業金融公庫（現日本政策金融公庫）に入庫。松本支店を振り出しに、大阪支店、福島支店、津支店、旭川支店で融資・審査を担当。2,000 社以上の中小企業に融資を行う。旧大蔵省の外郭団体に出向し、チリ、イスラエルのカントリーリスク調査に携わったほ

か、本店調査部時代には円高下で日本の自動車・家電業界の強さについてもレポートを執筆。津支店次長を最後に公庫が合併する直前の2007年9月に早期退職し、中小企業のCFOに転出。中小企業4社で社長の参謀役を務める。東日本大震災では、日本政策投資銀行を主幹事とする銀行団から、ガレキ処理プラントを建設する15億円の資金を動産担保のみで調達。生産高に応じた特別な償却方法を税務署に上申し認められる。

新型コロナが発生した年に個人創業し、中小企業のホームドクターとして、コロナ融資と補助金の活用支援を開始した。

事業承継について

経営コンサルタントとして顧問を引き受けることとなった会社から事業承継についての相談を受けた。そんなときに「事業承継戦略アドバイザーマスターコース」を知った。「事業承継10か年カレンダー」を作成し、事業承継の時期を決め、経営者の考え、想いを見える化し、経営者と後継者が一緒になって考え、行動してもらうことで実績を上げることを学んだ。経営計画だけでなく、事業承継も10年先から逆算で考えることで、経営者の承継の悩みと後継者の不安を取り除くことができる。

事業承継見える化コンサルティングでの「強み」

- 金融庁の検査マニュアルが廃止され、融資判断基準は「事業性評価」に移っており、銀行向けの業況報告とPDCAサイクルの支援が求められている
- 貸出審査を熟知しており、中小企業の実状をふまえた銀行対応の支援（貸し手側の論理、借りる側の実態を熟知）
- SWOT分析を用いたビジネス戦略構築、将来から逆算した収益計画に基づく予実管理、SNSを使った集客戦略と予算管理
- 後継者に銀行借入の交渉を積極的にさせることを推進。自信のない後継者に帯同しながら、実務を通じた銀行交渉の仕方を伝授

嶋田 利広（しまだ・としひろ）
株式会社アールイー経営 代表取締役
Office 熊本市 https://re-keiei.com/

経営コンサルタント歴37年、これまで400社の中小企業、会計事務所、病院福祉施設をコンサルティング。毎月13社の経営顧問を10年以上継続。SWOT分析・事業承継見える化のサポート事業所数は300を超え、「中小企業SWOT分析の第一人者」「事業承継見える化の伝道師」と呼ばれる。

SWOT分析・経営承継関連著書8冊（7万部以上）、累計14冊を刊行。講演時間は延3,000時間を超える。毎年100名以上のコンサルタントや会計事務所が受講する「SWOT分析スキル検定」「事業承継戦略アドバイザー検定」及びコンサルティング技術を公開するサブスクの『RE嶋田塾』を主宰。

2018年、2019年には北海道財務局、九州財務局にて「SWOT分析を活用した経営計画書作成ノウハウ」の講演を行う。

e-mail consult@re-keiei.com
電子書籍ダウンロードサービス https://re-keiei.com/service/free-report.html
YouTubeチャンネル https://www.youtube.com/channel/UCTy_ms3Ctv4QCbm8kPTZoXw

マネジメント社 メールマガジン『兵法講座』

作戦参謀として実戦経験があり、兵法や戦略を実地検証で語ることができた唯一の人物・大橋武夫（1906～1987）。この兵法講座は、大橋氏の著作などから厳選して現代風にわかりやすく書き起こしたものです。

ご購読（無料）は https://mgt-pb.co.jp/maga-heihou/

【事業承継 見える化】コンサルティング 事例集

2023 年 4 月 1 日　初　版　第 1 刷発行

著　者　　小城麻友子／女ケ沢亘／金川歩／矢内直人／嶋田利広
発行者　　安田喜根
発行所　　株式会社 マネジメント社
　　　　　東京都千代田区神田小川町 2-3-13M&C ビル 3 階（〒101-0052）
　　　　　TEL　03-5280-2530（代）　FAX　03-5280-2533
　　　　　https://mgt-pb.co.jp
印　刷　　中央精版印刷 株式会社